征途
中小企业全球营销实战

骆凌雯　杜　锐　楚宁志 / 著

电子工业出版社

Publishing House of Electronics Industry

北京·BEIJING

内 容 简 介

本书是中小企业全球营销的实用指南。主要内容涵盖营销体系组织管理、海外市场拓展策略、销售与市场团队建设、品牌与营销获客、AI营销创新及政策支持等。本书通过大量案例解析理论知识，针对性强、体系完整、案例丰富且紧跟趋势。

本书适合中小企业负责人、营销人员及相关学者学生阅读，助力他们掌握全球营销技巧，提升企业国际竞争力，在全球市场中脱颖而出。

图书在版编目（CIP）数据

征途：中小企业全球营销实战 / 骆凌雯，杜锐，楚宁志著． -- 北京：电子工业出版社，2025. 8. -- ISBN 978-7-121-50749-6

Ⅰ．F276.3

中国国家版本馆CIP数据核字第2025XY3927号

责任编辑：雷洪勤
印　　刷：中国电影出版社印刷厂
装　　订：中国电影出版社印刷厂
出版发行：电子工业出版社
　　　　　北京市海淀区万寿路173信箱　　邮编：100036
开　　本：720×1000　1/16　印张：19.25　字数：369.6千字
版　　次：2025年8月第1版
印　　次：2025年8月第1次印刷
定　　价：78.00元

凡所购买电子工业出版社图书有缺损问题，请向购买书店调换。若书店售缺，请与本社发行部联系，联系及邮购电话：（010）88254888，88258888。

质量投诉请发邮件至zlts@phei.com.cn，盗版侵权举报请发邮件至dbqq@phei.com.cn。

本书咨询联系方式：leihq@phei.com.cn。

没有捷径的征途，每一步都是正道

当今世界正经历百年未有之大变局，全球产业链的解构与重组，地缘政治的迷雾与冲突，叠加着技术革命的颠覆性浪潮，共同构成了一幅宏大而复杂的时代画卷。身处其中的中国制造，尤其是构成其庞大基座的中小企业，正面临着前所未有的挑战与机遇。

长期以来，中小企业的全球化之路误区满布。有的企业认为"出海就是换个地方卖货"，有的陷入"盲目扩张、水土不服"的困境，"有产品无品牌、有销售无渠道、有市场无用户"的散点式经营更是比比皆是。曾经熟悉的"订单驱动"模式，在愈发激烈的全球竞争与"逆全球化"寒流中，显得步履维艰。

路在何方？这是让无数中小企业主夜不能寐的叩问。

有幸，骆凌雯、杜锐、楚宁志三位深耕于市场一线的实践者，用他们的心血之作——《征途：中小企业全球营销实战》，为广大中小企业提供了一份极具价值的"行路图"，从组织、市场、销售、品牌、数字化等多维度，系统构建了一套中小企业全球化的实战框架。

这不仅是一本关于营销"术"的工具书，更是一部蕴含着企业发展之"道"的深刻思考。它没有许诺一条通往成功的"快车道"，而是冷静、理性地告诉我们：在全球化的征途上，没有捷径可走，但每一步都有答案。

企业全球化本质：系统能力的输出

过去四十年，中国制造凭借成本优势与规模效应，在全球产业链中占据了举足轻重的地位。然而，当企业从"产品出口"的浅层思维，向"品牌出海"的深层战略迈进时，会发现这远非"换个包装"或"翻译个说明书"那么简单。企业全球化不是单点突破，而是系统能力的输出。

这意味着，企业输出的不再仅仅是一个个孤立的、有形的"物"，而是一整套无形的、能够持续创造价值的"体系"。本书深刻地揭示了这一点：全球化的竞争，本质上是系统能力的竞争。它不再是单一产品的较量，而是涵盖了组织管理、市场拓展、品牌建设乃至文化适应性的全方位比拼。

企业的系统能力，至少包含几个层面。首先是组织管理能力。无数失败的企业，并非败于市场策略的失误，而是源于内部管理的混乱——职责不清、沟通不畅、利益分配不公，这些"内耗"足以吞噬掉最优秀的战略。本书借鉴华为等优秀企业的实践经验，提出了构建高效协同组织的实战方法，这正是中小企业从"游击队"走向"正规军"的必经之路。

其次是品牌与文化价值的输出。品牌承载着企业的价值观和对客户的承诺。当一个中国品牌，通过深刻的行业洞察、卓越的用户体验和独特的文化叙事，赢得海外消费者的信任与忠诚时，企业输出的便是一种能够跨越国界的文化认同和价值主张。这标志着企业从"卖产品"的工匠，跃升为"定义生活方式"的设计者。

最后是标准与生态构建能力的输出。真正掌握全球竞争话语权的，是制定标准、构建生态的企业。当一家中国企业，其技术标准成为行业通行规范，其开放平台吸引全球合作伙伴共同繁荣时，它

便实现了从"游戏参与者"到"规则制定者"的跃迁。

中小企业的全球化征途,其意义远超自身的营业收入增长。它是一次自我革命,迫使企业从过去熟悉的"舒适区"走出来,去构建和打磨系统能力。企业看待全球化的视野需要一次彻底的升维:它是一场"远征",也是一次深刻的"修行"。

"小而美"的生存法则:于精准处制胜

在全球化的宏大叙事中,那些动辄掀起行业巨浪的"航空母舰"式企业往往更受关注。然而,商业生态的繁荣,不仅需要参天大树,更离不开展现出独特生命力的"小而美"式的灌木与奇花。

商业世界,在资源有限的现实下,倘若中小企业试图与行业巨头进行全方位的规模竞争,无异于以卵击石。中小企业无法像大企业那样"广撒网",必须"精准打击"。本书为中小企业指明了一条"小而美"的生存法则:拒绝"盲目出海",专注"基本功",于精准处发力。

中小企业可以凭借专业性、灵活性、快速响应能力,在全球化市场中找到自己的生态位。这要求企业必须进行"慢思考"。在踏入任何一个新市场之前,借鉴如华为"五看"模型般的严谨方法,对宏观环境、行业趋势、客户需求、竞争格局乃至自身能力进行一次彻底的"战略体检"。无论是针对不同市场需求进行产品适配,还是选择最合适的进入方式(借船出海或本地化深耕),其核心都在于"精准"二字。

"小而美",需要有"四两拨千斤"的智慧。如书中关于"低成本品牌建设"的论述。品牌并非大企业的专利,更不是靠广告费"烧"出来的空中楼阁。中小企业可以在有限的预算内,通过找到"人无我有"的差异化优势,构建统一的"品牌信息屋"持续输出高质量内容，并借助内容营销、社交媒体等新渠道，精准地将品牌价值传递给目标客群。

归根结底，"小而美"的生存法则，是一种清醒的自我认知和务实的战略选择，更是一种专注的工匠精神。它要求企业在自己选择的细分领域里，做到"小而精""小而专"。

新商业文明的呼唤：从"自我"到"生态"

当今时代，AI、大数据等技术正在重构商业的底层逻辑。数字化不仅是技术升级，更是组织方式、商业模式、全球协作方式的全面重构。企业不再是一个孤立的原子，而是复杂生态网络中的一个节点。一家又一家的企业，将织起全新的商业文明生态网。

传统的商业思维是线性的，市场被视为一块有限的蛋糕，企业的目标是尽可能多地为自己切下一块。而在新的商业文明中，思维是网络的、共生的。成功的企业不再是掠夺者，而是"生态构建者"。它们思考的不再仅仅是"我能从市场上获得什么"，更是"我能为这个生态贡献什么？我能如何连接资源，让蛋糕本身变得更大？"

正因如此，中小企业的全球化，绝不是掠夺式开发，而是深耕式共生。本书敏锐地捕捉到了这一趋势。书中不仅详细阐述了如何利用 AI 工具提升营销效率，更重要的是，它揭示了技术如何赋能组织，实现更高效的协同。无论是通过 PDCA 闭环实现市场部与销售部的精准对接，还是通过跨文化管理技巧赋能海外团队，其背后都贯穿着一个共同的理念：未来的企业，其核心竞争力将体现在构建一个灵活、开放、共生的生态系统能力之上。

而更高层次的升维，是将这种生态思维延伸至企业外部。这意味着，企业要重新定义与供应商、客户乃至竞争对手的关系。供应商不再是挤压成本的对象，而是共同抵御风险、协同创新的伙伴；客户不再是单向的销售目标，而是参与价值共创的合作者；甚至竞争对手，在某些维度上也可能成为共同教育市场、制定行业标准的同盟。

这要求我们的企业家，必须完成一次深刻的自我变革。要从传统的"管控者"角色，转变为"赋能者"和"生态构建者"，学会信任，学会分享，学会与合作伙伴、员工乃至竞争对手共同创造价值。这不仅是一种管理模式的升级，更是一种商业伦理的跃迁。新商业文明语境下，唯有真正融入当地市场、尊重当地文化、与合作伙伴共赢，才能实现可持续的全球化经营。

这，就是新商业文明的呼唤。它呼唤着一种新的企业家精神——不再是孤胆英雄式的个人征服，而是众木成林式的生态共建。能够听懂并回应这一呼唤的企业家，才能真正穿越周期。

于征途中走出正道

本书是一本真诚之作。三位作者将自己在大企业与中小企业间摸爬滚打的实战经验，毫无保留地奉献给了读者。书中没有晦涩的理论，只有可落地的工具、可借鉴的案例和可执行的步骤。

掩卷沉思，我仿佛看到了无数中国中小企业在全球化征途上踽踽前行的身影。他们或许迷茫，或许焦虑，但从未放弃探索。这本书，恰如一盏明灯，又如一张详尽的地图，为他们照亮了前路，指明了方向。

我愿意将这本书推荐给所有正在或即将走向全球的中小企业主、管理者、营销人员，它不会给你"一夜爆单"的捷径，但会给你一套系统、可持续的全球化实战攻略。

全球化是一场征途，没有终点，只有不断前行。愿每一家中国中小企业都能在这条路上走得稳、走得远，每一步都踩在通往未来的"正道"之上。

是为序。

谢泓

广东省中小企业发展促进会会长

《经济观察报》专栏作家

《正道：中国制造企业的新出路》一书作者

2025 年 8 月于广州

填中小企业出海方法空白
凭实战征途助力全球稳行

在当今市场全球化的大前提下，中小企业面临着前所未有的机遇与挑战。一方面，数字技术的发展和全球贸易的便利化为企业提供了触达全球市场的可能；另一方面，国内市场竞争加剧、成本上升等因素也迫使许多企业不得不将目光投向海外，寻求新的增长空间。然而，实际上，我看到太多企业在"出海"过程中遭遇挫折，有的是因为对目标市场认知不足，有的是因为组织能力跟不上，更多的是因为缺乏一套系统、实用的全球营销方法论。

《征途：中小企业全球营销实战》恰好填补了这一空白。我与作者骆凌雯、杜锐、楚宁志有过多次深入交流，也是杜锐以前在华为数通产品线国际部的同事。他们不仅在大型企业的出海之路上积累了丰富的营销经验，更难得的是，他们深入到中小企业的国际实战一线，亲身经历了从 0 到 1 的全球化过程。

这本书不是简单的理论堆砌，而是将复杂的全球营销体系拆解为可落地、可执行的具体方法和工具。

我特别欣赏这本书从组织管理切入的视角。实际上，很多中小企业出海失败，表面上看是市场策略出了问题，但根源往往在于组织能力不匹配。正如书中所言："无论多么完美的市场策略，如果企业内部的组织管理不到位，执行起来往往会事倍功半。"这一洞察非常到位。

全书从组织管理、市场拓展、销售团队打造、销售技巧、市场部体系搭建、品牌建设、营销获客到 AI 与营销融合，构建了一套完整的方法体系。特别值得一提的是，书中大量的实战案例和工具模板，都来自作者的亲身实践，具有很强的可操作性。

在我看来，中小企业的全球化不是简单地将国内模式复制到海外，而是需要建立一套适应全球市场的新能力。这本书最大的价值在于，它不仅告诉你"做什么"，更重要的是告诉你"怎么做"。对于那些正在考虑或已经踏上全球化征程的中小企业而言，这本书将是一份难得的实战指南。

我相信，随着越来越多的中国中小企业走向全球，他们将成为中国经济新的增长引擎。而这本《征途：中小企业全球营销实战》，将为这些企业提供实用的工具和方法，助力他们在全球市场的征途中行稳致远。

李江

华友汇咨询创始人

《华为销售法》《销售的力量》作者

2025 年 8 月

前言 | Foreword

2024 年 7 月，国家统计局发布 2024 年中国经济"半年报"。数据显示，上半年国内生产总值（GDP）达 61.7 万亿元，同比增长 5.0%。尽管投资和消费展现出一定韧性，但正如中央经济工作会议所指出的，经济回升仍面临"有效需求不足、部分行业产能过剩"等挑战，这无疑给未来内需增长带来了巨大压力。在此背景下，越来越多的中国企业选择出海，试图通过拓展海外市场缓解内需增长困境，寻找新的商业机遇，开辟发展路径，从而获取更大的增长空间和利润率，进一步扩大市场规模。

然而，出海仅仅是企业在存量市场中谋求发展的手段之一。中国中小企业若想实现长远发展，必须在产品研发、供应链管理、营销建设和组织发展这四大体系上深耕细作。只有不断提升自身核心竞争力，同时积极拓展外部市场与合作，才能在激烈的商业竞争中立于不败之地。

市场上关于企业成功经验的书籍琳琅满目，但大多更契合大企业的发展模式。中小企业由于资金和人才相对匮乏，脱离大平台后，可借鉴的内容极为有限。基于此，我们撰写了本书，旨在为中小企业量身打造一套全面的全球营销实战指南。

本书的三位作者——骆凌雯、杜锐、楚宁志，在营销和工业数字化转型领域拥有丰富且多元的经历。我们曾在惠普、华为、招商局等大型企业担任重要职位，熟悉大企业规范的工作流程与先进的方法论。此后，我们也投身于多家中小企业的发展进程中，积累了大量的落地实战经验。在这个过程中，我们深刻意识到，中小企业主往往对企业发展方向有着清晰的认知，并不缺乏"做什么（What to Do）"的思路，真正困扰他们的是"怎么做（How to Do）"，即如何将想法转化为实际行动的具体方法与实操经验。

本书书名为《征途：中小企业全球营销实战》，而非《海外营销》或《出海营销》，是因为书中内容涵盖了中国市场与海外市场。在全球化浪潮下，探讨全球营销既不能脱离中国实际情况孤立地分析海外市场，也不能只聚焦国内市场而忽视海外市场的广阔机遇。事实上，无论是国内市场还是海外市场，销售、品牌营销和组织管理的底层逻辑是相通的。例如，开拓海外市场或国内新的细分市场时，首要任务都是进行目标市场调研；再如，开拓新的代理商时，无论是在海外还是国内，标准流程都是先让对方了解企业产品与解决方案的优势，随后提供样机供代理商试用。海外市场与国内市场的差异，更多体现在文化和法规层面。

我们创作本书的初衷是分享 20 年来在大企业和中小企业积累的实操经验，帮助中小企业解决全球营销中的实际问题。本书旨在成为 To B 端中小企业在营销体系中组织管理、销售和品牌营销等方面的实用工具书，助力企业在全球市场中找到契合自身的发展道路。

本书的目标读者主要是中小企业的负责人、营销体系相关部门管理人员、市场经理、销售经理，以及对全球营销感兴趣的学者和学生。尤其是那些渴望扩大全球市场份额、提升品牌国际影响力的企业决策者和营销专业人士，本书将为他们提供实用的策略和工具，助力其在全球化竞争中脱颖而出。

在实际经营中，我们的目标读者面临着诸多痛点。许多中小企业主虽知晓发展方向，却因缺乏实操经验，不知如何将理论转化为具体行动；中小企业在资金、人才等方面资源有限，难以像大企业那样大规模投入营销，亟须采取低成本、高效率的营销策略；企业在全球化进程中，还常常遭遇跨文化管理的难题，影响海外市场的运营。

阅读本书后，读者将收获多方面的知识与技能。首先，读者能够学习如何从零搭建适合中小企业的全球营销体系，涵盖市场调研、销售渠道建设、品牌营销获客等关键环节；其次，本书提供的大量实操工具和方法，能切实帮助读者解决实际工作中的问题，如借助 AI 技术提升营销效率、运用内容营销实现获客增长等；再次，通过书中的案例和实战经验分享，读者可以掌握跨文化管理的核心技巧，保障企业在海外市场顺利运营；最后，本书详细阐述了品牌建设与获客增长的方法，助力企业在全球市场提升品牌影响力和市场份额。

我们衷心期望，本书能助力中小企业在全球市场中找准发展路径，实现可持续增长。无论你是初出茅庐的创业者，还是在海外市场历经风雨的企业主，本书都能为你提供宝贵的实战经验，陪伴你在全球化的征程中稳步前行。

骆凌雯　杜锐　楚宁志

2025 年 8 月

目录 | Contents

1
Chapter **第一章**
筑牢根基：企业营销的组织管理之道

Chapter 2

第二章
全球视野：中小企业市场拓展攻略

3 Chapter

第三章
打造铁军：构建全球销售网络的团队秘籍

4 Chapter

第四章
实战策略：销售技巧与客户需求洞察

5
Chapter
第五章
强化引擎：市场部体系的搭建与优化

6 Chapter 第六章
塑造品牌：中小企业的品牌建设之路

7 Chapter 第七章
营销获客：获取销售线索的实战方法

1

Chapter

筑牢根基：企业营销的组织管理之道

第一节
组织管理：企业成长的幕后引擎

在许多营销书籍中，开篇通常会讨论市场分析或目标客户画像，而本书则选择了一条不同的路径——我们从"组织管理"开始讲起。为什么？因为无论多么完善的市场策略，如果企业内部的组织管理不到位，执行起来也往往会事倍功半。想象一下，一家公司拥有顶尖的产品和清晰的市场定位，但由于内部职责不清、沟通不畅，项目推进缓慢，甚至错失机会。这种痛点，正是许多企业面临的现实挑战。

那么，什么是组织管理？简单来说，组织管理是指通过系统化的规划、组织、协调、控制和优化，提升组织效能、增强凝聚力和竞争力的过程。它关注的不仅是结构和流程，更是如何让团队高效协作，如何让资源发挥最大价值，以及如何让企业在变化中保持敏捷和韧性。

现在，让我们先做一个简单的自测，看看你所在的企业是否存在以下问题。

自测练习

1.**高管意见不一致**：不是所有人都认可企业最高领导人的战略规划，高管之间各自为政，导致企业失去凝聚力，内耗增大。

2.**管理者越来越累**：随着企业规模的扩大，管理者由于不懂授权、公司治理结构需要改变、制度流程不健全等原因，导致工作负担加重。

3. 部门之间相互推诿：责任没有锁定好，奖罚不明确，导致企业内部形成推诿、扯皮风气，团队丧失凝聚力，业绩滑坡。

4. 沟通障碍：信息流通不畅，沟通障碍导致信息传递不准确，部门之间合作困难，影响企业协同效能。

5. 创新停滞：缺乏创新文化和机制，企业无法持续推出新产品或服务，错失市场竞争机会。

6. 员工效率低下：员工执行力不够，工作落不了地。

7. 项目管理混乱：遇到事情大家一起往前冲，出了问题又找不到人负责。

8. 变革难题：管理变革困难，员工对变革抵触心理强烈，导致变革无法顺利实施。

9. 公司招人难：企业发展没人才，有了人才也留不住。

10. 遇到挑战性的工作或任务时，鲜有人主动承担：做多了反而被责怪，不做就不会犯错。

请问你所在的企业中招了几条？如果在 2 条以下，恭喜你，你企业的组织建设做得很好；如果是 5 条以上，恐怕你要思考一下组织管理是否影响到你企业的可持续发展了。

通常情况下，组织研究通常分为微观、中观和宏观 3 个层面，每个层面关注的重点和研究内容有所不同。微观层面聚焦于个体和小组在组织中的行为、心理和互动，如管理心理学便是专门针对这一微观领域进行研究的学科分支。举例来说，员工在组织中所感受到的工作满意度、职业倦怠感以及团队融入感等心理现象，均属于管理心理学的研究范畴。

中观层面则关注组织内部的结构、流程和文化。此层面从管理者的视角出发，对组织进行剖析与规划，核心任务在于探寻如何打造一个高效、健康且富有活力的组织体系。研究内容包括了研究不同结构对效率和灵活性的影响，分析如何通过流程改进提升效率，探讨文化对员工行为和绩效的影响，研究组织如何应对内外部变化、分析沟通渠道和信息流动的效率等。

宏观层面则着眼于组织与环境的关系及其在更大系统中的地位，这是组织生态学所深入研究的领域。例如，在社会的长远发展进程中，不同类型的组织模式会如何演变、相互关联以及适应社会环境的动态变化，这些都是组织生态学所关注的焦点问题。

本章将从中观视角出发，深入探讨企业营销体系的组织管理。需要明确的是，组织管理不仅仅局限于文化管理，也不能简单地等同于人力资源管理。从实际操作层面来看，组织管理涵盖了流程构建、层级设立、结构设计、形态塑造以及文化建设等多个关键维度。**如果你发现自己在工作中竭尽全力，却依然难以推动进展或改善局面，那么问题很可能出在组织层面。**现在，诚挚邀请你与我一同深入探索本章的精彩内容，共同寻找解决之道。

企业成长阶段剖析：不同阶段，不同挑战

企业的成长过程可以分为多个阶段，每个阶段都有其独特的挑战和重点任务。

1. 创业阶段（Seed Stage）

在创业阶段，企业通常由创始人或创始团队带着一个商业想法开启。这一阶段资源有限、风险较高，但成长潜力巨大。其核心任务是进行产品开发并验证其在市场上的可行性。企业需要敏锐感知市场趋势和需求变化，快速推出创新产品，抓住市场机遇，实现初

步的客户积累和收入增长。此时，企业可能还需要筹集额外资金来支持发展。

需要解决的问题：产品力。

核心问题：抓住市场机遇，快速推出创新产品。

关键行动：做好产品创新和销售工作，敏锐感知市场趋势和需求变化，迅速推出符合市场需求的新产品，实现快速增长。

2. 初创阶段（Startup Stage）

随着产品或服务推向市场，企业开始获得初步的客户和收入。这一阶段的重点在于进一步验证市场、对产品进行迭代更新以及进行团队建设。企业需要不断优化产品，提升市场适应性，同时加强团队协作和能力建设，为后续的成长奠定基础。此外，企业可能还需要继续筹集资金以支持其发展。

需要解决的问题：产品与销售能力。

核心问题：验证市场需求，提升产品和销售能力。

关键行动：持续优化产品，提升销售效率，确保企业能够活下来并实现稳定收入。

3. 成长阶段（Growth Stage）

在成长阶段，企业的市场份额不断扩大，收入和利润显著增加。此时，企业需要关注市场的进一步拓展、品牌建设、产品多样化以及运营效率的提升。其核心任务是通过有效的营销策略和品牌建设，占据消费者的心智，成为细分市场的领先品牌。同时，企业通常需要更多资金来支撑扩张计划，确保资源合理配置，推动业务快速增长。

需要解决的问题：品牌建设。

核心问题：如何在众多竞争对手中让消费者优先选择自己。

关键行动：通过有效的营销策略和品牌建设，占据消费者的心智，成为细分市场的领先品牌。

4. 成熟阶段（Maturity Stage）

进入成熟阶段后，企业在市场上已站稳脚跟，收入和利润趋于稳定。然而，企业面临着维持增长的难题，可能需要通过创新、开拓多元化市场或并购等方式来实现持续发展。其核心任务是优化运营、提高效率，保持自身的竞争力。企业需要明确核心竞争力和发展方向，聚焦核心业务，合理配置资源，确保战略精准执行。

需要解决的问题：组织优化。

核心问题：提升组织效能和应对复杂的管理情况。

关键行动：进行组织优化，解决内部的协调问题和冲突，提高组织的运作效率和执行力。

5. 衰退阶段（Decline Stage）

如果遇到市场变化、竞争加剧等外部因素影响，企业可能进入衰退阶段，销售和利润出现下滑。此时，企业需要进行战略调整，如更新产品、重新定位市场或削减成本，以应对市场挑战。核心任务是寻找新的增长点，避免进一步下滑。

需要解决的问题：战略调整。

核心问题：突破增长瓶颈，实现持续发展。

关键行动：进行战略调整和二次创业，开拓新业务或新市场，推动企业持续发展和员工成长。

6. 再生阶段（Renewal Stage）

在再生阶段，企业依靠创新、重组或转型来恢复增长。这一过程往往伴随着重大的战略变革和文化调整。其核心任务是突破增长瓶颈，实现持续发展。企业需要进行战略延展和二次创业，开拓新业务或市场，推动企业持续发展和员工成长。

需要解决的问题：战略延展。

核心问题：突破增长瓶颈，实现持续发展。

关键行动：进行战略延展和二次创业，开拓新业务或市场，推动企业持续发展和员工成长。

具体如图 1-1 所示。

创业阶段	初创阶段	成长阶段	成熟阶段	衰退阶段	再生阶段
1. 拼产品与销售	2. 验证市场与迭代	3. 拼品牌建设	4. 拼组织能力	5. 拼战略调整	6. 拼战略延展
快速推出创新产品	验证市场需求	成为细分市场领先品牌	解决内部协调问题	寻找新的增长点	推动企业持续发展
实现初步客户积累	确保企业活下来	扩大市场份额	聚焦核心业务	避免进一步下滑	实现战略变革

图 1-1　组织管理：企业发展阶段

企业若往后期发展，就不是单一地拼产品和销售。品牌、组织管理和战略定位都是让企业可持续性发展的强心针。

组织管理揭秘：协同资源，凝聚力量

在探讨企业成长的过程中，组织管理是一个核心议题。随着企业规模的扩张、业务的复杂化以及员工数量的增加，如何高效整合并管理资源成为一项挑战。许多企业在发展过程中遭遇瓶颈，往往是因为组织管理问题未能妥善解决。

组织管理的核心在于对内部资源的有效调配与控制，以实现组织目标。它涵盖规划、组织、领导和控制等职能，确保组织运行的高效性与有序性。组织管理关注的是工作与人员的组织形式，而非工作本身，但它能在宏观层面显著影响工作效率和任务达成。组织管理在战略规划和人才培育之间架起了一座桥梁。

简而言之，组织管理是将各个部门的功能有机整合，形成协同效应，从而提升整体效率。流程、层级、结构和文化都是连接与整合各部门的关键手段。组织管理要求管理者突破单一部门的局限，从更高层面思考如何最大化整体效率，而非仅仅追求局部最优。这正是企业高层持续关注组织管理的原因。与业务管理和团队管理不同，组织管理需要管理者从具体事务中抽离，从宏观角度审视组织运作，理顺关系、明确原因、建立秩序，并在必要时打破旧规则，重塑结构以应对变化。

约翰霍普金斯大学教授安蒂思·潘罗斯在 1959 年出版的《企业增长理论》中指出，企业是管理组织与资源的集合，内部资源是成长的动力。她通过"资源—能力—成长"的分析框架，揭示了企业成长的内在动力，认为限制企业扩张的因素来自内部，即组织力。

麦肯锡中国区组织管理业务白皮书《组织力突围——中国独角兽企业的下一站征程》通过对 700 家全球企业的调研发现，组织力与业务绩效高度相关。组织力是企业的内生凝聚力和驱动力，体现在组织架构、业务流程、考核激励、人才能力、文化价值等方面。组织力越强，企业增长或转型的加速度越快，越能实现战略突破和业务提升。

组织管理对企业长期增长的影响主要体现在以下几个方面。

1. 提升决策效率和执行力

扁平化结构能缩短信息传递链，加快决策速度，使企业更快把握市场机遇。

2. 促进跨部门协作

矩阵式结构打破部门壁垒，整合资源，促进知识共享和创新。

3. 提高资源配置效率

扁平化结构有利于降低管理成本，优化资源配置，创造更多经济效益。

4. 提升组织能力与业绩

不同阶段需要不同的管理抓手：创业期明确方向，成长期授权与人才培养，成熟期持续成长。

5. 提升组织效能

组织效能是业务增长的"奠基石"，通过提升人效（如人均创收、人均利润）推动业绩增长。

6. 组织的参与性和一致性

向员工授权、重视参与管理能激发个人能力，而一致性则增强组织凝聚力。

7. 组织的使命和愿景

明确的愿景和发展目标能激励员工与组织共同奋斗。

良好的组织管理能够提高企业的决策效率、促进创新、优化资源配置、提升组织效能，从而对企业的长期增长产生积极影响。

成功案例典范：海底捞、韩都衣舍与河钢集团的启示

📋**案例：**

海底捞极致服务背后的组织管理奇迹

海底捞以其卓越的服务和高效的人力资源管理而闻名。以下是海底捞在组织管理方面的一些成功实践。

1.**员工培训与发展**：海底捞非常重视员工的培训和发展。新员工入职后，会接受全面的入职培训，包括产品知识、服务技能、管理能力等。培训方式多样化，包括线上培训、线下培训和岗位轮换等多种方式，以确保员工能够全面

掌握所需的技能。

2. 组织管理扁平化：海底捞取消了大区 / 小区的组织设置，让运营线极度扁平化，近600家门店直接向COO汇报，COO通过总部100多名助理对门店实施管理。这种扁平化的管理结构提高了决策效率和执行力。

3. 职能部门市场化：海底捞将所有职能部门功能作为产品打包，如微海咨询的前身主体就是海底捞片区的人力资源部。通过预算和核算等机制，提升内部效率；同时，全面对外开放、对外运营，可以独立地进入资本市场。

4. 运营管理技术化：海底捞通过自主打造POS、会员、费用、OA等系统来不断完善优化非标品的管控，目前整个体系的信息化已接近尾声，正在探索整个体系的智能化和自动化。

5. 绩效考核与管理：海底捞的考核方案简单明了，关注过程和结果指标。例如，收台员的考核方案是3分钟内完成收台、桌面和地面无水、锅圈整洁；而培训资料则详细描述每一个业务链条的细节，为员工提供完成工作的参考方法。

6. 员工激励与分红：海底捞通过徒子徒孙分润，解决组织可持续发展的问题，进一步完善闭环。例如，老李在海底捞攒了几年钱以后，100%会考虑自己出去开家火锅店，但同时老李也会算自己的投资回报比和风险；当他感觉自己挣不了比在海底捞高很多的钱，还要冒这么大风险的时候，就会打消这个念头。

案例:

韩都衣舍,敏捷组织驱动快时尚崛起

韩都衣舍以其"平台＋个人"的组织创新模式而著称。以下是韩都衣舍在组织管理方面的一些成功实践。

1. **小组制运营体系**:韩都衣舍实施"小组制",构建支持和服务小组的企业赋能平台。这种组织架构下,形成了以小组制为核心的单品全程运营体系,保持高速增长态势,并不断创新运营模式。

2. **公共服务平台**:韩都衣舍将营销部打散,成为一个个独立的小组织,但其背后有很强大的服务平台的支撑。这种大平台＋小前端的模式,使整个公司变成一个服务平台,给前端的小自主经营体赋能。

3. **数据化、系统化运营**:韩都衣舍通过系统判断产品销售情况,下大订单主推成爆款,或将一开始做的一两百件直接清仓。每一天系统都会从不同维度给运营提供决策参考,这些数据是所有人都能看到的。

4. **培训与快乐文化**:韩都衣舍的专职内训师不到20人,却能满足集团2000多人的培训刚需。韩都大学搭建了二级学院体系,将分享文化在集团内部进行了落地,每个中心、部门承建一个二级学院,负责本中心或部门的员工培养。

5. **激励机制**:韩都衣舍采用游戏通关的方式,进行分组,各小组每参加一次课程互动的环节都会获得金币的奖励。每上完一个课程,都会在地图上标示出前进的路径,包括团队发展到哪个阶段,达到了什么水平、获得了多少金币。

案例:

河钢集团，组织架构优化引领传统制造业转型

河钢集团作为制造业的大型企业，其组织架构优化案例对中小企业也具有借鉴意义。河钢集团在组织架构上进行了以"市场化"和"扁平化"为特征的改造。市场化意味着企业的组织生产以市场为目标导向，河钢集团成立了两级客户服务中心，建立自主营销网络和客户服务体系，以定制化的"一站式"解决方案服务满足客户个性化需求。扁平化则是指在组织形式和管理流程上，去掉效率低下的中间层和无法有效应对市场的行政化方式，将关键人才配置到产线、技术、营销一线。河钢集团各钢铁子公司成立了16个由子公司领导担任总经理、产销研一体化的产品事业部，产线成为企业生产组织的中心。这种组织架构的优化，使得河钢集团能够更快速地响应市场变化，提高决策效率和市场竞争力。

第二节
协同增效：营销体系与企业内部的协作密码

在日常工作中，我们常常听到各个部门都在抱怨……

销售：产品部设计出来的产品实在太难卖了，同样的功能参数，友商A公司的报价比我们低了一半。

产品：销售真差劲，客户都搞不定。这个客户提了那么多需

求，实际上有一半的功能他是用不上的，我把它们删了。

销售：这个项目的尾款太难要回来了，产品部门把客户要的功能删了一半！客户都要给我们发律师信了。

供应链：销售今天才下的订单，客户要一周内交货这是不可能的！我们还要找供应商采购原材料呢。

销售：这个配件采购部给的报价怎么那么贵？我上淘宝搜，网上不仅便宜，而且48小时内发货。

这些抱怨都是企业内部运作出现问题的体现。

企业运作流程全解析：各环节紧密相连

一般来说，制造业企业的运作流程可分为许多环节，如图1-2所示。

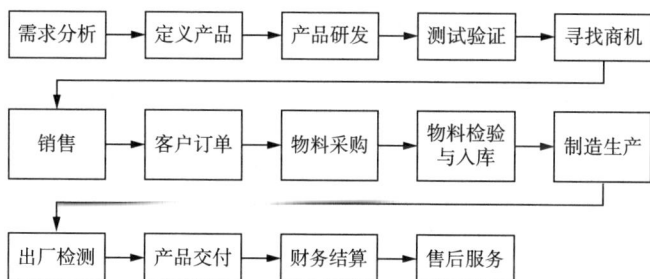

图1-2 组织管理：制造业企业的运作流程

需求分析：收集市场信息和客户需求，分析市场趋势和潜在机会。确定目标市场和客户群体，为产品开发提供依据。

定义产品：根据需求分析结果，明确产品的功能、性能、规格和目标市场。制定产品概念和设计要求。

产品研发：进行产品设计和开发，包括概念设计、详细设计和原型制作。确定产品技术方案和生产流程。

测试验证：对产品进行测试，包括功能测试、性能测试和安全测试。验证产品是否满足设计要求和客户需求。

寻找商机：识别和评估潜在的商业机会和市场。制定市场进入策略和销售计划。

销售：通过各种渠道、方法推广和销售产品。与客户建立关系，进行谈判和签订合同。

客户订单：接收和处理客户订单。确认订单细节，包括数量、规格、交货时间和价格。

物料采购：根据生产计划和订单需求，采购所需的原材料和零部件。与供应商协商价格、交货期和质量标准。

物料检验与入库：对采购的物料进行质量检验，确保符合生产要求。合格的物料入库存储，准备用于生产。

制造生产：按照生产计划和工艺流程进行产品制造。监控生产过程，确保产品质量和生产效率。

出厂检测：对完成生产的产品进行最终检测，确保产品符合出厂标准。记录检测结果，对不合格产品进行处理。

产品交付：根据客户订单安排产品包装和发货。跟踪物流进度，确保产品按时送达客户。

财务结算：处理订单的收款和付款，包括开具发票、收取货款和支付供应商款项。进行成本和利润分析，为财务决策提供依据。

售后服务：提供客户咨询、技术支持和产品维修服务。收集客户反馈，用于产品改进和客户关系维护。

这些环节相互关联，共同构成了企业运作的完整流程，确保企业能够高效、有序地运营。

在大多数企业管理书籍中，企业内部运作通常被划分为三大体系：产品研发体系、营销体系和供应链管理体系。这三大体系的合理划分与高效协同，是企业快速响应市场变化、提升产品竞争力并提高市场占有率的关键。其具体任务如下。

产品研发体系：负责新产品的设计、开发、测试和迭代更新。其高效运转确保企业能够持续推陈出新，以技术和产品创新为核心竞争力。

营销体系：涵盖市场研究、品牌推广、广告宣传、渠道建设和客户关系维护等，直接影响产品的市场接受度和品牌影响力。

供应链管理体系：聚焦物料采购、生产计划、库存控制和物流配送等环节，其效率直接关系到产品的生产周期和成本控制。

然而，我认为企业内部运作体系还应加入组织管理（见图1-3）。无论是跨体系间的协同，还是同一体系内的效率提升，都离不开组织管理的支持。组织管理通过优化资源配置、协调部门合作、提升执行效率，为三大体系的顺畅运作提供了坚实基础，从而推动企业整体竞争力的提升。

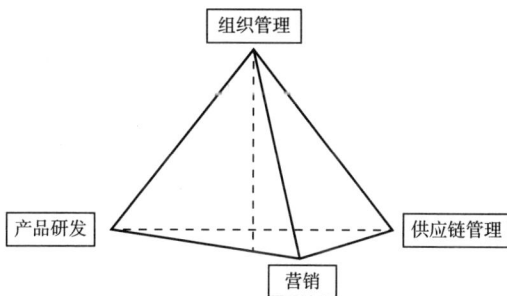

图 1-3　组织管理：三大体系协同的核心

组织管理是企业内部三大体系——产品研发、营销与供应链管理高效协同的核心。它不仅充当企业运营的枢纽，更是推动创新、提效和优化供应链的关键动力。

首先，组织管理通过促进产品研发、营销与供应链管理的紧密合作，为企业创造了高效的工作环境。在产品研发中，组织管理确保设计、工程、测试等部门的无缝沟通与协作，从而缩短研发周期，提升创新速度和质量。同时，它还能确保研发方向与市场需求及企业战略一致，避免资源浪费和方向偏差。

其次，组织管理在营销策略的制定与执行中发挥重要作用。它协调市场、销售及渠道部门，确保精准的市场定位和有效的营销计划执行。此外，通过快速传递市场信息，组织管理帮助研发团队及时调整产品特性，以应对客户需求变化，增强产品竞争力。

再次，组织管理在供应链整合中扮演桥梁角色，协调上下游的信息流、物流和资金流，确保产品高效生产和及时交付。同时，它优化库存管理，降低库存成本，提升供应链的灵活性和市场适应能力。

最后，组织管理通过建立跨体系沟通机制和激励体系，推动三大体系的协同效应。例如，通过绩效管理和激励机制，鼓励跨部门合作、知识共享和问题解决。此外，组织管理还通过培训与发展活动，提升员工对新技术、新产品及市场变化的应对能力，从而增强组织的学习文化和创新能力。

总之，组织管理通过优化信息流通、资源配置和工作效率，建立激励与学习机制，推动产品研发、营销与供应链的深度整合，帮助企业在竞争激烈的市场中保持优势。

本书聚焦于营销体系的管理与实战，因此从组织管理角度探讨跨体系协同时，我们仅围绕营销体系展开。组织管理作为一门专精学科，未来或有机会另作深入探讨。

打破壁垒：营销与研发协同的策略与实践

产品研发是企业创造价值的源头，而营销与研发作为企业中的两大功能部门，其协同合作是跨体系成功的关键。然而，若两者协同不畅，常会出现以下问题。

（1）信息不对称：营销部门难以及时将市场反馈和客户需求传达给研发部门，而研发部门也可能无法准确理解市场需求，导致产品开发与市场脱节。

（2）市场预测不准确：缺乏有效沟通和共享机制，研发部门在产品规划和设计中可能忽视市场实际需求，导致产品推出后市场接受度低、销量不佳。

（3）产品开发效率低下：协同不足可能导致研发部门耗费额外时间和资源调整产品以适应市场需求，延长开发周期并增加成本。

（4）市场机会的丧失：无法快速响应市场变化，企业可能错失良机，削弱市场竞争力。

（5）创新能力受限：营销反馈是产品创新的重要参考，缺乏协同可能使创新方向偏离市场需求，限制企业创新活力。

营销体系与产品研发体系协同不畅可能由多种因素引起，这些因素通常涉及组织结构、流程管理、信息流通、战略规划以及文化差异等方面。以下是对这些因素的详细分析。

1. 组织结构的独立性

营销和研发团队往往由不同高管分管，缺乏必要的沟通和协作机制，导致信息传递不及时，双方对彼此的目标和需求理解不足。

2. 流程管理的隔阂

营销部门更注重产品的推广和市场接受度，而研发部门则聚焦于产品的技术可行性和创新性。若流程设计不协调，可能导致产品开发方向与市场需求不匹配。

3. 信息流通的障碍

信息技术系统的不完善或信息孤岛问题也是造成营销与研发协

同困难的重要原因。如果公司没有建立起良好的信息管理系统，或者系统间的数据共享机制不健全，信息就可能在部门间流通受阻，这将影响决策速度和创新可能性。

4. 战略规划的不一致

营销侧重短期市场反应，研发关注中长期技术发展，若战略方向未对齐，会导致工作重点产生分歧。

5. 文化差异

企业文化若鼓励部门竞争而非协作共赢，或组织变革不彻底，可能限制跨部门合作效率。

那么，我们如何通过组织管理的手段来打破产品研发体系与营销体系间的壁垒呢？

（1）定期召开跨部门会议。通过定期的会议，不同部门的成员可以共享项目的最新进展，讨论遇到的问题，并共同探讨解决方案。如微软在萨提亚·纳德拉的领导下，通过强化沟通机制，成功转型为云服务提供商。

（2）建立项目进度跟踪系统。实时跟踪项目进度和风险点，优化资源配置。长城汽车使用 PingCode 管理研发项目，而中小企业可采用轻流等低成本工具实现类似功能。

（3）成立跨部门问题解决小组。由不同部门成员组成小组，专门解决跨领域复杂问题，提高决策效率和质量。如 ONES 公司通过跨部门小组协调决策，优化了新零售等行业的实践。

（4）建立反馈与改进机制。通过收集反馈，持续优化协作流程和工具。例如，我在工业互联网企业任职时，通过建立 Marketing to Leads 流程，将客户需求反馈给产品部，助力战略调整。

（5）实施人员协作与激励机制。

跨部门轮岗：研发人员深入销售部门了解市场需求，销售人员学习产品技术细节，提升协作精神。

利润分享：如三一重工的新增利润奖，鼓励研发团队贴近客户需求。

知识共享：建立内部知识管理系统（如腾讯乐享），鼓励员工分享经验，提升协作效率。

打通堵点：提升营销与供应链协同效率的方法

企业内部各部门各司其职，这种专业化分工在构建核心价值链的同时，也催生了部门间的矛盾与竞合关系。尽管部门职能和名称可能随时间调整，但研发、生产、销售这一核心价值链始终是企业运营的根本。

产销协同作为管理领域的核心议题，其本质在于实现供需平衡。然而实践中，部门间往往陷入相互推诿的困境：生产部门将问题归咎于销售环节，销售部门则将矛头指向研发部门。这种推诿循环导致问题长期悬而未决，严重制约企业运营效率和发展。具体而言，营销体系与供应链体系的协同问题主要体现在如下方面。

（1）信息不对称：营销部门和各供应链在沟通和信息共享方面存在障碍，营销部门的市场需求调整难以及时传递至供应链，导致生产计划紊乱、库存管理失调，影响供应链整体效率。

（2）预测失真：信息传递不畅导致需求预测失真，造成库存与生产计划脱节，增加成本压力，引发库存积压或断货风险。

（3）生产调整困难：当市场需求发生变化时，如果供应链各环节的信息共享不充分，供应商的生产线可能无法及时调整以满足新的市场需求，影响订单的及时交付和客户满意度。

（4）响应迟滞：信息共享不足会削弱供应链响应能力，降低市场应变速度，最终影响企业竞争力。

营销体系与供应链体系之间的协同困境主要源于信息不对称、目标不一致、流程脱节和激励失衡。要提升跨部门协同效率，需从战略目标统一、资源共享机制建立和管理效果评估等方面进行系统优化。

首先，统一战略目标是实现协同的前提。部门间目标不清晰或不对齐会导致执行障碍。企业应制定清晰的供应链管理目标，确保与营销战略及公司整体战略一致。通过有效沟通和共享目标，促进部门间协同增效。

其次，建立资源共享机制是关键。传统的部门壁垒常导致资源分散和重复建设，增加成本，降低效率。通过共享库存管理系统、供应链信息平台等，可整合资源，减少重复建设，提升市场响应速度。但需要特别强调的是，系统建设必须以线下流程跑通为前提。我曾观察到一些企业在重构 ERP（Enterprise Resource Planning，企业资源计划）系统或 MES（Manufacturing Execution System，生产执行系统）时，虽然方便了某个别部门，却导致其他部门效率大幅下降，最终企业整体运作效率不升反降。因此，所有相关部门必须首先接受协作方案，并确保该方案能提升整体效率，才能将流程搬到线上。否则，这样的系统建设不如不做。

再次，定期评估管理效果是持续改进的保障。企业应建立评估机制，通过 KPI（Key Performance Indicator，关键绩效指标）监控供应链效率、成本控制和服务水平等，并将评估结果用于流程优化和管理改进。

最后，加强跨部门沟通与培训也至关重要。企业应鼓励部门间交流合作，通过工作坊、联合会议等形式，提升团队协作能力。

总之，通过统一目标、建立资源共享机制、定期评估和加强沟通，企业可有效提升营销与供应链体系的协同效率，增强竞争力和市场响应速度。

第三节
营销体系高效运作的秘密

亚当·斯密在《国富论》中提出的分工理论是现代经济学的基石之一。斯密认为，劳动生产力的最大增进和运用劳动时的熟练程度、技巧和判断力的提高，都是分工的结果。分工使得劳动者能够专注于特定的生产环节，从而提高效率和产量。分工起源于人类互通有无、物物交换、互相交易的倾向，这种倾向为人类所共有且特有。分工的程度受市场范围的限制，市场规模越大，分工与专业化程度就越能得到发展。由一种工作转到另一种工作通常会损失不少时间，有了分工，就可以免除这种损失；许多简化劳动和缩减劳动的机械的发明，使一个人能够做许多人的工作。

然而在不少企业的营销体系内，却出现职责不清、权责不明的现象。以下的现象，贵司中了几个？

明明销售部的职责之一是负责回款，可是售前部却背了回款的指标，同时又没有回款的激励。

销售部不熟悉产品，每次见客户时，销售部都是让售前部做主讲，每次写客户跟进报告，就直接复制售前部同事写的报告。

市场部派给销售部的线索，销售部总是反馈线索质量很差，以至于市场部不得不亲自联系客户……

协同机制失灵不仅出现在跨体系间，也出现在同一体系跨部门间。上述现象可能由多种因素导致，以下是一些可能的原因。

（1）职责划分不明确：企业可能没有清晰地界定各个部门和岗位的职责，导致职责重叠或缺失。

（2）激励机制不健全：如果员工没有因为完成特定任务而获得相应的激励，他们可能缺乏完成这些任务的动力。

（3）培训与发展不足：销售人员可能没有接受足够的产品知识和销售技能培训，导致他们依赖其他部门的同事来完成销售任务。

（4）沟通协调不畅：部门之间可能缺乏有效的沟通和协调机制，导致信息传递不畅和工作配合不默契。

（5）绩效评估体系不完善：如果绩效评估体系不能准确反映员工的工作表现和贡献，员工可能会感到不公平，从而影响工作积极性。

（6）资源分配不合理：资源可能没有根据各部门的实际需要和工作量进行合理分配，导致某些部门承担了超出其能力范围的工作。

市场漏斗：从市场活动到线索的高效转化

接下来我们从营销体系运作的两个漏斗（见图 1-4）看营销体系各职能岗位的职责。营销体系有两个关键流程：MTL（Marketing To Lead）流程和 LTC（Lead To Cash）流程。MTL，即从市场活动到线索的营销流程，MTL 流程不承载资金流和物流，最终的输出物是高质量的销售线索，也就是销售部认可的销售线索（Sales Qualified Lead, SQL）。LTC，即从线索到现金的流程，它涵盖了企业从接触客户到收到客户回款的整个流程。

一般来说，营销体系内分为销售部、市场部、售前部、销售管理部、客户服务部。在一些企业，销售管理部还可以拆分出商务运营部，负责订单处理和合同管理等工作；而市场部可以独立出来品牌部，负责企业的对外宣传；在提供 SaaS（软件即服务）或者 PaaS（平台即服务）的企业，还有客户成功部，为客户增购或复购提供助力。基于企业共性，本书关于营销体系各职能岗位介绍包括了销售部、市场部、售前部、销售管理部、客户服务部和客户成功部。

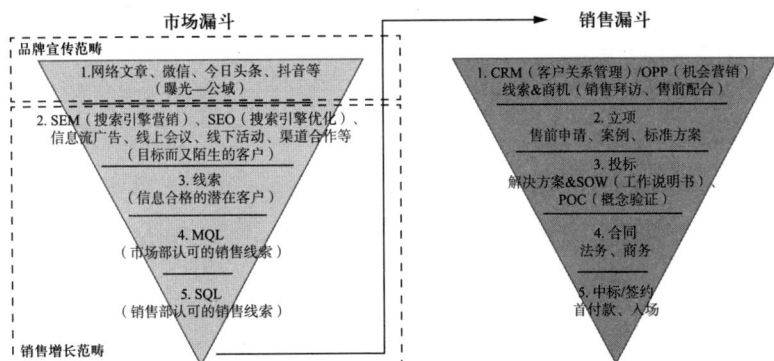

图 1-4　组织管理：营销体系内部运作的两个漏斗

MTL 流程主要在市场部内部完成，涉及的跨部门协同是与市场部与销售部进行的。从客户需求转化的角度，市场部分成了两个职能范畴：品牌宣传范畴和销售增长范畴。

品牌宣传范畴，企业市场部通过多样的传播渠道，提高企业产品和解决方案的曝光，从公域中吸引目标客户的关注。

至于到了销售增长范畴，当公域的客户产生购买意识后，他可能会在百度或者谷歌等搜索引擎中搜索更详细的产品或解决方案的介绍，又或者参加各类的展会和行业会议等。客户若想了解更多，那么他就会留下联系方式，我们称之为线索（Lead）。当然客户留下联系方式的另一个可能性是为了礼品，这种情况在展会上很常见。市场部在很多公司里被认为没有价值或者花了钱又没有回报的一个重要原因是，市场部在这个阶段就把客户的联系方式派给销售部，让销售部进一步跟进。这些线索掺杂了很多无效线索，例如竞争对手套方案，客户立项时间是一年后，又或者客户预算少，甚至客户只是为了礼品才留下联系方式等。

所以市场部要对这些线索做进一步核查，在使用一些量化的指标筛选后，部分的线索会转化成市场部认可的销售线索（Marketing Qualified Lead，MQL），之后才派给销售部。在笔者带领的几家公司市场部，笔者对 MQL 的标准如下：

（1）客户留下的联系方式要有明确的企业名称。

（2）客户的采购时间是半年内。

（3）客户的需求和预算是我们初步能满足的。

（4）客户愿意接受我们的销售人员做进一步的线下交流。

市场部把 MQL 派单给到销售部后，销售部会做进一步识别。若销售部认为这条线索能符合上面的 4 个标准，并且不是竞争对手的方案，那么这条线索就是转换成 SQL。

自此，MTL 流程结束，之后转到销售漏斗进行 LTC 流程。

在 MTL 流程中，市场部与销售部协同的矛盾往往是出现在对线索质量的判断和销售的跟进效率上。例如，销售部没有及时跟进市场部派单的线索，销售部认为市场部派单的线索质量不佳，但是市场部跟客户沟通时已确认其符合上述 4 个标准等。

🎯 实战策略：市场部与销售部协同的 PDCA 闭环

在 Plan（P，计划）阶段，市场部和销售部共同定义了 MQL 和 SQL 的标准。同时，市场部要与销售部及产品部沟通，了解业务重点及目标客户，例如行业重点和客户应用场景等。以便制订合适的内容和广告投放计划。

在 Do（D，执行）阶段，市场部在客户关系管理（CRM）系统上派单到销售部，同时会在销售部群里做提醒。销售部接到 MQL 后，要在 24 小时内联系客户，并且在 CRM 中填写跟进记录。要是个别销售人员不及时跟进，市场部将减少那个销售人员所负责地区的投放。

在 Check（C，检查）阶段，市场部定期跟踪销售部的进展，询问销售线索的跟进情况，例如没转成 SQL 的原因是什么，以便调整投放计划。

在 Act（A，处理）阶段，市场部定期分析 MQL 和 SQL 的数据。我会分析几个数据，行业、应用场景和 MQL–SQL 转化率。没有转换成 SQL 的 MQL 意味着是客户的需求，但我们产品无法满足的。市场部通过对行业和客户应用场景的分析，发现新的客户业务机会，并反馈给产品部。同时，市场部也要调整投放策略，聚焦公司重点行业，而不是广撒网。对于转化率低的市场手段，要减少投入。

具体过程如图 1-5 所示。

销售漏斗全流程优化：从线索到现金的高效转化

而 LTC 流程，即从线索到现金的流程，涵盖了企业从接触客户到收到客户回款的整个流程，具体包括以下几个阶段。

1. 从线索到机会

从线索到机会（Leads To Opportunity，LTO）的重要工作：

线索验证与转化：将高价值线索转化为销售机会。

参与部门：

- 销售部：负责与潜在客户互动，培育客户线索。
- 售前部：提供解决方案支持，帮助销售团队转化线索。

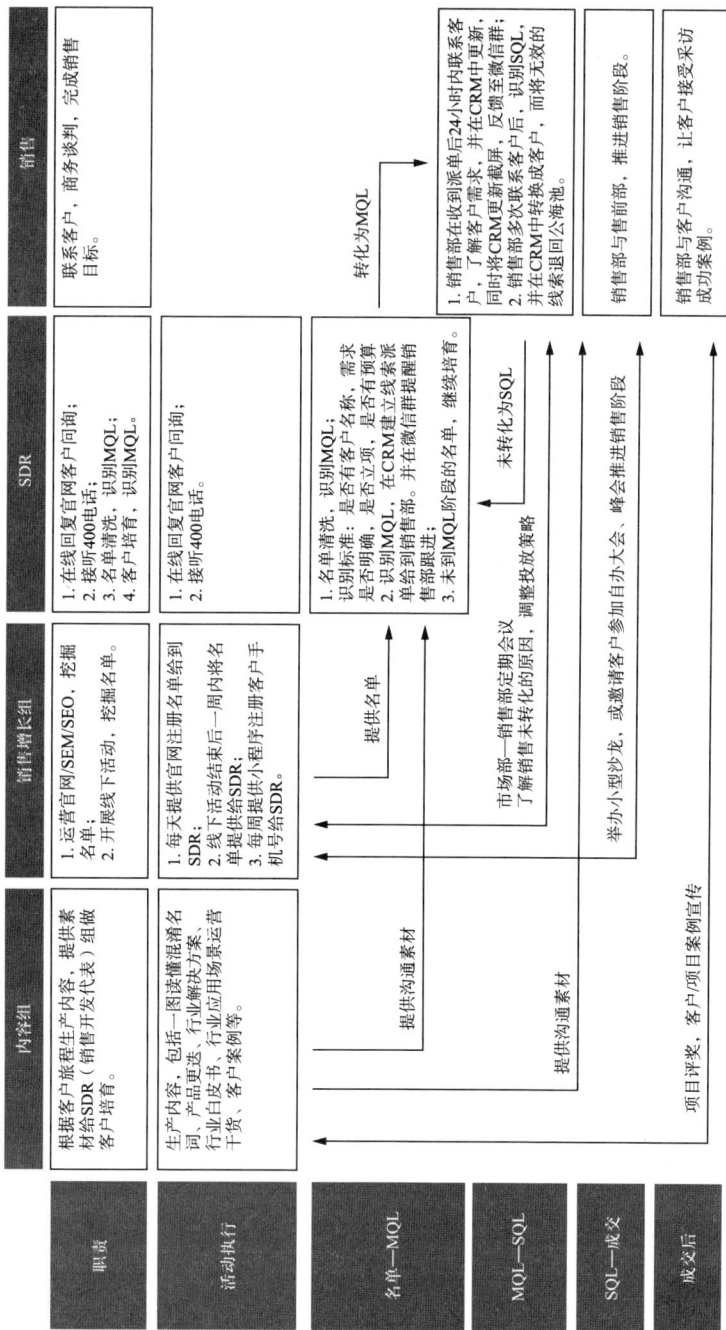

图 1-5 组织管理：市场部与销售部高效协同的流程

内容组

职责：根据客户旅程生产内容，提供素材给 SDR（销售开发代表）组做客户培育。

活动执行：生产内容，包括一图读懂混淆名词，产品更迭，行业白皮书，行业应用场景运营干货，客户案例等。

提供沟通素材

提供沟通素材

项目评奖，客户/项目宣传

销售增长组

职责：1. 运营官网/SEM/SEO，挖掘名单；2. 开展线下活动，挖掘名单。

活动执行：1. 每天提供官网注册名单给到 SDR；2. 线下活动结束后一周内将客户名单提供给 SDR；3. 每周提供小程序注册客户手机号给 SDR。

提供名单

举办小型沙龙，或者邀请客户参加自办大会

SDR

职责：1. 在线回复官网客户问询；2. 接听 400 电话，识别 MQL；3. 名单清洗，识别 MQL；4. 客户培育。

活动执行：1. 在线回复官网客户问询；2. 接听 400 电话。

1. 名单清洗，识别 MQL；2. 识别 MQL，在 CRM 建立线索派单给到销售部，并在微信群提醒销售部跟进；3. 未到 MQL 阶段的名单，继续培育。

1. 识别 MQL：是否有客户名称、需求是否明确、是否立项、是否有预算

销售

职责：联系客户，商务谈判，完成销售目标。

转化为 MQL

未转化为 SQL

1. 销售部在收到派单后 24 小时内联系客户，了解客户需求，并在 CRM 中更新，同时将 CRM 更新截屏，反馈至微信群；2. 销售部多次联系客户后，识别 SQL，并在 CRM 中转换成客户，而将无效的线索退回公海池。

销售部与售前部，推进销售阶段

销售部与客户沟通，让客户接受采访成功案例。

市场部—销售部定期会议，了解客户未转化的原因，调整投放策略

职责　**活动执行**　**名单—MQL**　**MQL—SQL**　**SQL—成交**　**成交后**

2. 从机会到报价

从机会到报价（Opportunity To Offer，OTO）的重要工作：

- 需求分析：深入了解客户的业务需求和痛点。
- 解决方案制定：根据客户需求，制定相应的产品或服务解决方案。
- 报价准备：制定标书或报价单，包括价格、条款和条件。
- 提交报价：向客户提交报价，并进行谈判。

参与部门：

- 销售部：负责与客户沟通，了解需求，提交报价。
- 售前部：提供产品或服务信息，协助制定解决方案。
- 财务部：审核报价，确保价格合理，符合公司政策。

3. 从报价到投标

从报价到投标（Offer To Bidding，OTB）的重要工作：

- 投标准备：根据客户的反馈，准备投标文件，包括技术方案、商务条款等。
- 投标提交：在截止日期前提交投标文件。
- 投标跟踪：跟踪投标状态，及时响应客户的任何问题或要求。

参与部门：

- 销售部：负责整个投标过程的协调和沟通。
- 售前部：提供技术支持，确保投标文件的技术准确性。
- 法务部：审核合同条款，确保合规性。

4. 从合同到签单

从合同到签单（Offer To Contract，OTC）的重要工作：

- 合同谈判：与客户就合同条款进行谈判，直至双方达成一致。
- 合同审批：内部审批合同，确保符合公司政策和风险管理要求。

- 合同签订：双方正式签署合同。
- 订单确认：确认订单细节，准备生产或服务交付。

参与部门：
- 销售部：负责合同谈判和客户沟通。
- 法务部：负责合同的法律审核和风险评估。
- 销售管理部：准备订单，确保能够按时交付产品或服务。

5. 从签单到回款

企业提供服务和支持，进行商务和财务流程沟通，收回货款，完成 LTC 流程的最后一个环节。

从签单到回款（Contact To Cash，CTC）的重要工作：
- 服务 / 产品交付：按照合同约定，提供产品或服务。
- 发票开具：根据服务 / 产品交付情况，开具发票。
- 收款跟踪：跟踪客户付款，确保及时回款。
- 财务结算：完成收款后，进行财务结算和账务处理。

参与部门：
- 销售部：负责催款。
- 产品交付部：负责产品或服务的交付。
- 财务部：负责开具发票、收款和财务结算。
- 客户服务部：提供售后服务，协助解决客户付款过程中的问题。
- 客户成功部：确保客户能够成功地使用产品或服务，促进客户续约、升级。

上述每个阶段，我们可能都会听到销售部的抱怨，如"公司后端部门不配合""公司流程太复杂""产品报价太高"等。事实上这些都是跨部门协同不顺的表现。

在 LTO 阶段，销售对客户的需求了解不准确，售前部门提供的解决方案支持可能空泛，销售部没能找到关键决策人，进而影响线索的转化率。

在 OTO 阶段，销售部、售前部和财务部在需求分析、解决方案制定和报价准备过程中可能存在因信息不对称，导致报价不准确或不及时的问题，而财务部的报价审核可能过于严格或缓慢，影响报价提交的时效性。

在 OTB 阶段，销售部、售前部和法务部在投标文件准备和提交过程中可能存在协同不足，导致出现投标文件准备不充分或不符合要求的情况。投标跟踪过程中，各部门对客户反馈的响应可能不够迅速或不一致，影响客户满意度和投标成功率。

在 OTC 阶段，销售部、法务部和销售管理部在合同谈判和审批过程中可能存在意见分歧，导致合同签订延迟。

在 CTC 阶段，销售部、产品交付部、财务部和客户服务部在服务 / 产品交付、发票开具和收款跟踪过程中可能存在协同不足，导致回款周期延长。客户服务部和客户成功部在售后服务和客户续约、升级过程中可能缺乏有效的沟通和协作，影响客户满意度和回款效率。

◎ 实战策略：LTC 流程五阶段效率提升秘籍

（1）明确责任划分：通过制定清晰的职责说明书、流程规范等方式，确保各部门明确自身的职责范围。

（2）建立有效的沟通机制：定期召开部门间会议，加强沟通和信息交流；明确沟通规范和流程，确保沟通的有效性和顺畅性；建立反馈机制，及时处理和解决沟通中出现的问题。

（3）建立激励机制：对积极参与协同、有突出贡献的员工给予适当的奖励，激发员工的积极性和主动性；制定明确的激励政策和标准，公开透明地告知员工。

营销团队岗位分工详解：各司其职，协同作战

在营销体系中，职能分工的合理化是提高整体工作效率、实现企业战略目标的关键。一个完善的营销体系内通常会包含销售、市场营销、售前、销售管理、商务、客户服务、客户成功等职能岗位，每个岗位都有其明确的分工。

销售是营销体系的基础，直接面对市场和客户，负责产品的销售，包括潜在客户的开发、市场信息的收集、客户需求的分析、订单获取及回款等。在这一环节中，销售人员需要具备良好的沟通技巧、市场敏感度以及产品知识，以便更好地理解和满足客户需求，实现销售目标。

市场营销则聚焦于品牌建设、销售增长策略制定与实施等工作。市场营销人员需要通过研究市场趋势、竞争对手及消费者需求，制定出有针对性的营销计划和获客策略，以提升品牌影响力和助力销售获取销售线索。

售前服务是指在销售过程中，为客户提供的一系列服务活动，包括方案咨询、产品演示、技术支持等，旨在帮助客户了解产品的功能和应用，增强购买决策的信心。售前服务人员通常需要具备较强的产品技术知识和解决问题的能力。

销售管理的职能有两个模块，一是对销售团队的日常运营和销售活动的管理，包括销售计划的制订、销售预算的管理、销售费用的控制等；二是销售运营，包括订单处理、数据分析和合同管理。

客户服务负责日常客户关系的维护及服务工作，包括客户咨询、问题解决、售后支持等。良好的客户服务不仅能提升客户满意

度和忠诚度，还能通过口碑效应促进销售和品牌推广。

客户成功是一种基于客户服务的增值服务，强调通过不断地沟通和服务，确保客户能够充分发挥购买的产品或服务的潜能，实现商业成功。客户成功人员通常需要深入了解客户业务，提供个性化的支持和建议，以促进长期合作。

🧠深度思考：售前部能否取代销售部?

售前部能否取代销售部？当然不能！销售部与售前部是两个不同职能分工的部门。销售部要了解产品知识，同时最关键的一点是要抓住客户，了解客户的需求，弄清客户中的关键决策人，让客户愿意下单。而售前部的关键职责是配合销售部，提供合适的解决方案和技术支持，加快LTC中每个销售阶段的推进。如果售前部做了销售部的工作，那说明销售部没有承担其该有的职责。如果售前部员工有销售能力，可转岗到销售部。同时建议在激励机制上，给售前部一定比例的销售提成或者季度奖金，而不是只有一刀切的年度绩效奖金。这可以提高售前部员工的工作积极性。

第四节
合理分配：用利益机制激发营销活力

销售是营销体系的基础。但是我们常常会听到一些部门对销售人员的抱怨。例如销售部当"甩手掌柜"，把明明是销售部该完成的工作都推给其他部门，如获取线索是市场部的职责，制订与客户沟通的方案是售前部的职责，催客户回款是销售管理部的职责。然而销售部的工资却是营销体系众岗位中最高的，久而久之，其他部门心生委屈，组织效率也大打折扣。

利益分配原则：公平、效率与激励并重

为什么营销体系会出现流程不顺畅、组织效率低的情况？笔者认为原因之一就是利益没分配好。《华为基本法》中有句话，叫"全力创造价值，科学评价价值，合理分配价值"，无论价值创造流程有多合理，只有通过价值评价、价值分配的闭环，流程才具有生命力，组织才更有效率。

在华为公司，确保价值分配的公平性主要通过以下几个方面来实现。

（1）效率优先，兼顾公平：华为的价值分配基本原则是效率优先，兼顾公平、可持续发展。这意味着在分配过程中，会优先考虑那些对公司贡献大的员工，同时也会考虑到公平性，确保分配的合理性。

（2）按劳分配与按资分配相结合：华为实行按劳分配与按资分配相结合的分配方式，其中按劳分配的依据是能力、责任、贡献和工作态度，而股权分配的依据是可持续性贡献、突出才能、品德和所承担的风险。这种分配方式旨在拉开差距，保持分配曲线的连续性，不出现拐点，同时向核心层和中坚层倾斜。

（3）建立公正客观的价值评价体系：华为遵循价值规律，坚持实事求是，在公司内部引入外部市场压力和公平竞争机制，建立公正客观的价值评价体系并不断改进，以使价值分配制度基本合理。衡量价值分配合理性的最终标准是公司的竞争力和成就，以及全体员工的士气和对公司的归属意识。

（4）机会均等：华为强调内部公平竞争机制，价值分配是否合理不是数量的均等，而是机会的均等。这意味着每个员工都有平等的机会去争取和实现自己的价值。

（5）共同的价值观：华为强调有共同的价值观才可能使员工认同公司的价值评价标准，不同价值观的价值评价标准是不一样的，不可能得出一致的合理性判断。

（6）以公司的成就和员工的士气作为衡量标准：华为用公司的成就和员工的士气作为衡量价值分配合理性的最终标准，市场竞争是对价值分配制度的最好检验。

价值分配是绩效管理的关键环节。与华为这样的大型企业相比，中小企业由于规模小、资源有限，往往难以建立完善的绩效管理体系，使内部管理缺乏系统性和科学性，进而影响组织效率和员工积极性。

绩效管理本身是一个复杂的话题，足以支撑一本专著。但在本书中，我们将聚焦于营销体系内部门间的协同合作，以及利益分配的基本原则和策略。

企业对价值的评估标准因行业核心竞争力、客户价值认知、市场竞争状况及企业战略决策等因素而异。但无论标准如何，所有绩效目标的设定都应服务于企业在市场竞争中获取优势。

在激励机制设计上，核心原则是激励与期望结果相匹配。企业应重点激励那些对实现竞争胜利至关重要的行为。例如，若产品创新是企业成功的关键，就应对参与创新的部门及其支持部门给予特别激励；若增加营业收入是首要目标，则应对销售部门及其支持团队提供相应奖励，以激发积极性。

此外，需要指出的是，许多企业惯用的强制排名制度（如将员工分为 20% 的 A 级、70% 的 B 级和 10% 的 C 级）存在明显缺陷。

这种方法仅适用于工作性质相似但工作量和难度不同的情况，而对于性质不同、难度各异的工作，则不应简单套用同一标准。部门表现往往受负责人能力和管理水平的影响：能力强、要求严格的负责人往往能带领团队表现出色，而平庸的负责人则可能拖累团队。因此，若企业坚持用强制排名淘汰所谓的 C 级员工，可能导致优秀人才流失，反而留下平庸者。所谓的"劣币驱逐良币"就是这么来的。

不同场景下的分配机制：多种模式，灵活选择

在明确利益分配基本准则后，深入探究各部门参与利益分配的过程至关重要，合理的利益分配机制能够充分调动员工的积极性，推动企业战略目标的实现。一般来说，主要存在两种利益分配机制，不同机制适用于不同的业务场景与企业情况，且需要与企业战略紧密结合。

第一种利益分配机制是基于岗位年薪的模式，即基本工资 + 奖金。这种模式适用于企业有多个部门（如市场部、销售部、售前部和商务部等）共同参与订单从线索获取到成交转化全流程的情况。

在这种机制下，员工完成任务即可获得奖金。值得注意的是，当企业制定产品规划战略时，例如开拓某个新产品线，不仅营销体系的绩效设计要与之挂钩，产品研发和供应链体系的绩效同样需要对该产品线有所倾斜。通过这种方式，用绩效驱动各体系员工的行为，促使大家共同为企业战略目标而努力。以我所辅导的一家企业为例，该企业老板提出要开拓 A 产品线，但在实际的绩效设计中，销售和产品研发的绩效并未对 A 产品线做倾斜。这就导致 A 产品线的研发创新进展缓慢，销售依旧专注于销售旧产品，供应链对 A 产品的生产也缺乏积极性，最终只有老板一人积极推动，无

法形成企业合力。这一案例充分说明，企业各体系的绩效设计必须与战略紧密结合，否则难以实现战略目标。

第二种利益分配机制是基本工资＋销售提成，其中销售提成基于回款金额乘以一定提成比例计算。这种模式多适用于订单从线索获取到转化成交再到订单处理均由销售独立完成而无须其他部门参与的情况。

在实际的利益分配过程中，还存在依据关键事件来确定贡献大小的方式。这种传统方式在关键的绩效节点展开价值评估，管理周期结束时，根据评估结果给予个人相应回报，回报形式包括奖金、晋升机遇、职权扩大、工资提升或股权激励等。该方法适用于处理企业内部二次分配问题，因为企业中部分部门和个人的工作虽不能直接产生经济效益，但却具有重要价值。

在我服务过的企业中，发现了一个有趣的现象：外企的薪酬结构普遍是基本工资＋奖金；而中小民营企业大多采用基本工资＋销售提成的模式，即便订单从线索获取到最终成交，是由企业多个部门共同协作完成的。

在这种多部门参与的业务模式下，如果销售环节仍是依据业绩获得提成，那么对销售线索转化有促进作用的支持部门，像售前支持部和市场部，也理应分享成果。比如，若某个订单是由市场部提供的线索促成的，市场部就应当得到相应的提成。一般来说，销售部在提成分配中占比最大，售前部次之，市场部相对较少。否则，要是只有销售部能拿提成，其他支持部门却没有，长此以往，部门之间很容易产生间隙。

综合来说，企业在选择利益分配机制时，需要考量自身业务特点、组织架构、战略规划等多方面因素，以保证利益分配合理有效，充分激发各部门员工的积极性，推动企业实现可持续发展。

第五节
跨越文化：中小企业的跨文化管理技巧

　　某出海企业的跨国会议录音曾记录下这样的场景：当中国项目经理用"我们是否可以考虑调整方案"的委婉表达征求建议时，美国同事立刻追问"具体哪里需要改进"；而德国工程师则直接指出"这个审批环节不符合我们的效率标准"；与此同时，东南亚团队全程保持微笑点头，却在会后邮件中提出实质性质疑。这些看似矛盾的行为背后，折射出文化基因对工作方式的深层塑造——正如跨文化沟通专家艾琳·梅耶在《跨文化沟通力：如何突破文化管理和隐形障碍》一书中揭示的：文化差异本质上是思维操作系统的分歧。中小企业若不能在效率追求与文化尊重间找到平衡支点，全球化进程将演变为充满暗礁的探险。

跨文化沟通破局：语言、决策与非言语信号

1. 语言陷阱：从隐喻到直白的翻译革命

　　北欧员工直白地说："你们的方案太复杂"，实则是线性思维文化的本能反应；而日本客户沉默地点头，或许隐藏着对决策层的不信任。某医疗器械企业曾因未理解中东客户的"关系优先"文化，在招标会上错失订单——当对方代表说"我们下周再讨论"时，中方误以为已进入下一阶段，实则是在等待私人关系的铺垫。

　　破局之道：建立如下"三层翻译机制"。

（1）语义转换：将中式委婉表达转化为目标文化可接受的语言结构（如用"我们注意到不同意见"替代"我们注意到有反对意见"）。

（2）场景模拟：邀请本地员工参与需求评审会，实时反馈文化敏感点。

（3）技术赋能：采用 AI 翻译工具自动标注高语境词汇（如"马上处理"在拉丁美洲可能被误解为敷衍）。

2. 决策风格：共识与效率的动态博弈

德国团队在采购审批中坚持"流程合规至上"，而拉丁美洲团队则更看重"人际关系润滑"。这一矛盾在中建五局巴西圣保罗地铁扩建项目中尤为明显——当地分包商曾因不满德式审批流程的僵化，联合抵制项目进度长达两周。最终，项目团队通过双轨决策机制实现破局，相关经验被完整收录于中建五局 2021 年发布的《海外项目文化融合白皮书》。

（1）制度刚性层面。整合德国企业的 ISO 质量管理体系，设立 11 项不可妥协的安全与环境标准（如钢筋焊接检测流程、地下施工防洪预案等），由总工程师团队垂直管控。同时引入北欧企业的数字化审批系统，将原本需要 28 天的采购审批周期缩短至 14 天。

（2）文化柔性层面。组建由巴西本地工程师、社区领袖和劳工代表构成的"文化调解委员会"，专门处理土地征用、劳工纠纷等敏感事务。并将中国传统的"师徒制"与巴西的"非正式社交网络"结合，安排中方项目经理与本地技术骨干组成"文化共生小组"，通过周末家庭聚餐、足球比赛等活动建立信任纽带。

该项目最终提前 42 天交付，获评"巴西年度最佳基建项目"，其经验被写入哈佛商学院案例库。值得注意的是，这种管理模式并非简单的"妥协"，而是通过结构性授权——将程序性事务标准化

（刚性），将关系性事务在地化（柔性），实现了效率与合规的双重突破。对于中小企业而言，这种"核心模块标准化＋外围接口柔性化"的架构，具有更强的可复制性。

3.非言语信号：破译文化密码的显微镜

在马来西亚某科技公司的跨文化团队中，华人项目经理曾困惑于印度尼西亚同事的"微笑回应"：明明在会上提出了尖锐质疑，对方却始终面带微笑。这种现象在文化人类学中被称为"高语境文化缓冲效应"——东南亚文化中，微笑常作为社交润滑剂，而非真实态度表达。

某跨国软件公司在瑞典斯德哥尔摩设立研发中心时，发现瑞典团队在会议中频繁打断演讲者提问，这与硅谷团队的"举手发言"文化形成鲜明对比。人类学家安妮特·安德森的研究指出：北欧文化中的"平等主义预设"导致员工倾向于即时表达异议，而非等待正式发言环节。南亚员工频繁的微笑可能表示礼貌而非认同，北欧同事提前结束会议可能是对议题不感兴趣。

为解决上述困境，某全球领先的 B2B SaaS 企业实施了"文化解码手册"项目，其核心框架如下。

（1）系统化行为编码（基于霍夫斯泰德文化维度理论），如表1-1所示。

表 1-1 系统化行为编码

文化区域	非言语特征	解码逻辑	应对策略
中东地区	双手交叉在胸前	权威挑战信号（权威距离指数高）	采用"三明治反馈法"：肯定＋建议＋鼓励
日本市场	反复点头	信息确认需求（不确定性规避指数低）	提供结构化数据支撑（图表／流程图）
北欧团队	提前离场	认知负荷预警（任务导向型文化）	简化会议议程，增设"5分钟快速决策点"

（2）四阶培训体系。

文化认知课：播放荷兰导演汤姆·霍尔特《文化大爆炸》纪录片片段，分析肢体语言的文化编码逻辑。

情境模拟舱：利用 VR（虚拟现实）技术还原中东客户谈判场景，训练销售人员的微表情管理。

行为对照表：开发"文化信号速查手册"（含 200 多个非言语场景的应对指南）。

实战认证制：通过角色扮演考核（由文化顾问评分）授予"全球化沟通师"认证。

（3）效果验证机制。

定量数据：印度项目交付准时率从 61% 提升至 89%（内部审计报告编号：DEL-2023-Q2）

质性反馈：日本客户在 NPS 调研中写了"你们的工程师现在能准确捕捉我们的点头含义，这是过去 3 年从未有过的情况。"（引自《2023 年全球技术客户洞察报告》）

成本节约：因误解导致的合同修改次数减少 67%，年均节省法务成本约 230 万美元。

非言语信号管理不是玄学，而是可拆解、可量化的科学系统，这对中小企业有如下启示。

（1）建立"文化信号数据库"：收集目标市场的高频非言语行为样本，这些样本可通过在 LinkedIn 平台观察、分析商务洽谈录像实现。

（2）开发轻量化工具包：将复杂理论转化为手机端"文化解码卡片"。如日本客户的沉默 = 需要更多信息，可配动画示意图等。

（3）设置"文化缓冲官"角色：在跨文化团队中任命具有高文

化智商（CQ）的成员担任调解者。

日常管理柔性法则：从管控到赋能的转变

一些中小企业家朋友曾向我咨询海外员工日常管理以及中国员工海外出差管理的问题，比如海外员工是否需要打卡上班、中国员工海外出差跨周末是否应支付周末津贴、海外出差回来后倒时差是否需要请假等。这些问题实际上折射出中国中小企业家在跨文化管理中普遍存在的双重焦虑：一方面希望通过标准化管控确保效率，另一方面又担心失去对海外团队的掌控力。这种矛盾心态背后，隐藏着更深层次的管理哲学冲突——传统的家长制思维与全球化分布式团队管理方式之间的不兼容。

麦肯锡 2023 年的调研显示，72% 的中国中小企业家将海外管理失败归因于"文化误判"，而非能力不足。这些问题的深层动因主要有如下两点。

第一，从文化根源上看，中国企业家成长于"熟人社会"，长期依赖非正式权威（如家族企业中的长辈权威）。面对海外团队的"陌生人社会"属性，他们本能地试图通过制度化管控来填补信任真空。典型表现之一就是要求海外员工打卡，试图用物理空间管控替代文化信任。

第二，企业家的文化认知盲区导致他们用"自我参照系"理解世界。例如，忽视欧美国家的"结果导向"文化，认为"不打卡 = 不敬业"；或者未能理解跨时区工作的客观代价，觉得"倒时差请假 = 浪费公司资源"等。

以下是制度设计的 3 个底线思维。

1. 考勤制度的弹性化实验

针对南美洲员工"午休后工作更高效"的特点，某出海企业试行"核心四小时制"。

强制要求：10:00~14:00时专注核心任务。

弹性补充：其余时间可自由安排家庭事务或文化适应活动。

结果：年离职率降低37%，客户响应速度提升28%。

2. 差旅成本的智慧算法

面对"跨周末是否补贴"的争议，某建材企业引入"成本效益模型"。

情景A：员工自行调整行程节省机票 > 补贴成本→给予弹性奖励积分。

情景B：强制留守产生的隐性成本（如焦虑导致的效率下降）> 补贴金额→按标准发放。

实施后年度差旅支出减少18%，员工满意度上升45%。

3. 时差补偿的创新机制

某SaaS企业推出如下"时区银行"制度。

存储规则：员工加班产生的时差积分 =1 小时 =1 个弹性假期 /100 元培训基金。

流通机制：允许团队内部转让积分，用于兑换跨国会议参与资格。

该政策使印度团队项目交付准时率从61%跃升至89%。

总结

中小企业在全球化进程中，跨文化管理既是挑战，也是机遇。通过语言翻译机制的优化、决策风格的动态平衡、非言语信号的精准解码，以及日常管理的柔性化设计，企业可以在效率与文化尊重之间找到平衡点。关键在于从"管控"转向"赋能"，建立灵活且包容的管理体系，尊重不同文化的独特性，同时保持核心业务的高效运作。全球化不是简单的复制国内经验，而是通过文化融合与创新，实现企业的可持续发展。只有真正理解并尊重文化差异，中小企业才能在全球化浪潮中乘风破浪，赢得更广阔的市场与未来。

Chapter

2

第二章

全球视野：中小企业
市场拓展攻略

这两年"出海"成为我朋友圈里的一个重要关键词。事实上，从 1979 年以来，中国企业的出海已历经 4 个阶段。

第一阶段：1979—1999 年，低附加值产品以出口为主。随着中国外交政策的放开，经济全球化推动国内企业向外探索边界，部分行业领先企业做出首批出海尝试。以传统贸易出口为主，产品附加值较低。典型的代表是珠三角"三来一补"企业，这些企业以代工和贴牌生产为主，利用当地的劳动力和土地资源优势，承接国外企业的订单，进行简单的加工组装后再出口，为中国企业的出海积累了原始资金和经验。

第二阶段：2000—2007 年，制造业出海同时电商增强参与。中国加入 WTO，"走出去"战略被提升至国家层面，中国对外投资出现明显增长。制造业仍旧占据传统出口主力，如中国大型制造业等企业开始在海外直接投资设厂或设立子公司，提升品牌影响力。同时国内电商平台开始崛起。典型的代表企业是海尔与华为。海尔在海外直接投资设厂或设立子公司，建立了完善的研发、生产和销售体系，提升了品牌影响力，其产品覆盖了全球多个国家和地区。华为凭借分布式基站等创新技术，解决了运营商痛点，敲开了高端市场大门，在俄罗斯、东南亚、欧洲等国家和地区站稳了脚跟。

第三阶段：2008—2019 年，互联网出海浪潮加速中国企业线上线下运营模式深度融合。此外，随着"一带一路"倡议的提出，中国企业加速全球化布局。以制造、科技为代表的企业实现快速发展并积累资本，全球化能力及需求进一步增强。典型的企业代表是腾讯和大疆。腾讯在社交、游戏等领域具有强大的实力，通过投资和收购海外游戏开发公司、推出海外版的社交软件等方式，不断扩大其在全球的影响力，如腾讯投资的 Supercell 公司开发的多款游戏在全球范围内广受欢迎。大疆作为全球领先的无人机制造商，通过不断的技术创新和产品升级，其无人机产品在全球市场占有率极高，广泛应用于航拍、农业、测绘等多个领域，成为中国高科技产品出海的成功典范。

第四阶段：2020年至今，产业升级下出海价值不断升级。逆全球化下部分国家贸易保护主义抬头，中国企业进行产业升级的同时积极进行全球化布局。中国企业在打造品牌影响力的同时，加强研发力度与本地化产能投入。像新能源汽车企业的比亚迪和蔚来，互联网科技企业，如TikTok和SHEIN。

上文列举的都是大型企业的案例，但对于资金和资源相对有限的中小企业而言，在当前阶段该如何布局全球销售网络呢？许多企业家朋友向我咨询出海策略，其中一些人认为出海仅仅是将国内的销售模式简单复制到海外，比如继续使用现有的产品，只需将说明书翻译成英文，或将产品外壳上的中文替换为英文即可。然而，实际上，企业在考虑出海时，除了需要应对价值观、消费观念、市场环境以及社会基础设施等方面的差异，还必须进行一系列的准备工作。

第一节
战略领航：开启新市场的征程

明确战略意图：新市场开拓的核心密码

在全球化浪潮的推动下，越来越多的企业将目光投向新市场，试图在更广阔的天地中寻求发展机遇。然而，开拓新市场如同一场复杂的战役，企业若想取得胜利，明确战略意图并确保企业内部各部门紧密配合至关重要。这不仅关系到企业资源的有效配置，更决定了企业在新市场中的生存与发展。

企业开拓新市场时，明确战略意图是首要任务，这绝非一夕之功，不是企业负责人的个人决策，也不是某个部门的单打独斗，而是一项需要企业上下全体参与、深度思考和精心规划的系统工程。战略意图为企业在新市场的发展指明方向，是企业所有行动的基石，它将决定企业资源的投向、市场策略的制定以及未来的发展轨迹。

在众多的商业案例中，不乏因战略意图不明确和内部协同不佳而导致失败的例子。以柯达公司为例，在数码摄影市场逐渐兴起时，柯达虽然很早就掌握了数码摄影技术，但在战略决策上犹豫不决。柯达既想继续从传统胶卷业务中获取利润，又想涉足数码摄影新市场。这种摇摆不定的战略意图使得公司内部各部门无法有效协同。

研发部门在传统胶卷技术和数码摄影技术研发之间徘徊，资源分配不均，导致数码摄影产品的研发进展缓慢，无法满足市场需求。生产部门对于生产传统胶卷设备和数码摄影设备的投入也难以抉择，设备更新滞后。销售部门面对客户时，无法清晰传达柯达在数码摄影领域的优势和产品定位，客户对柯达的数码产品认知度低。市场部门在宣传推广上也没有突出柯达在数码摄影市场的独特价值，品牌形象未能及时转型。最终，柯达在数码摄影市场的竞争中逐渐被淘汰，曾经的行业巨头走向衰落。

又如，国内某上市锂业公司曾斥巨资收购智利 SQM 公司股权以强化其在全球锂资源市场的地位。然而，这一投资成为拖累公司业绩的关键因素之一。首先，战略决策上存在失误，未能充分考虑国际政策风险，如智利政府推进锂矿资源国有化进程，使其持有的阿塔卡马盐湖股份价值受到严重威胁。其次，在定价机制方面，该锂业公司的控股子公司在锂精矿定价机制与公司锂化工产品销售定价机制之间存在时间周期错配，影响了短期业绩，也暴露了在市场判断和风险管理上的不足。此外，公司内部管理也存在问题，如未能及时调整投资策略以应对联营公司业绩下滑等情况。各部门在面对市场变化、投资决策、风险控制等方面未能形成有效协同，最终导致公司面临巨大挑战。

企业需深入剖析自身的优势与劣势。通过全面的自我评估，清晰认识到企业在产品、技术、品牌、人才等方面的长处和短板。比如，一家科技企业在技术研发上具有优势，但可能在品牌国际知名度方面存在不足。明确这些，可以帮助企业在开拓新市场时，充分发挥优势，如加大技术创新投入，推出更具竞争力的产品；同时，针对劣势积极寻求弥补措施，像制订品牌推广计划，提升品牌在新市场的认知度等。

企业还需密切关注外部环境，分析新市场的机会与威胁。研究新市场的规模、增长趋势、政策法规、竞争态势等因素。若新市场规模庞大且增长迅速，政策环境友好，对企业而言是绝佳的发展机会；但如果市场竞争激烈，已有众多强大的竞争对手，企业则需谨慎应对。例如，某新兴市场对环保产品的需求日益增长，相关政策也大力扶持，而市场上同类产品竞争相对缓和，对于环保企业来说，这就是一个极具潜力的市场机会。但如果进入后发现竞争对手已占据大量市场份额，且拥有成熟的销售渠道和客户群体，企业就需要思考如何突破竞争壁垒，找到自身的市场定位。

基于对自身和外部环境的分析，企业要确定在新市场的发展目标。这些目标应具备明确性、可衡量性、可实现性、相关性和时效性（SMART 原则）。以一家电气企业开拓新市场为例，其目标可以是在进入新市场的第一年，让产品进入当地中高端市场，实现销售额 500 万美元，占当地的市场份额达到 5%；在三年内，将品牌知名度提升至当地市场前 10 名，销售额年增长率保持在 20% 以上。这样的目标明确具体，便于企业在实际运营中进行评估和调整。

战略落地执行：多部门协同作战的力量

明确战略意图后，企业各部门需协同作战，形成强大的合力，共同推动新市场开拓战略的实施。

市场部门在新市场开拓中扮演着先锋角色。首先，要深入开展市场调研，收集新市场的行业需求、竞争对手情况、市场趋势等信息。以一家电气柜制造企业为例，市场部门通过与行业协会合作、参加电气行业展会、分析行业报告等方式，了解到新市场中电力工程、工业自动化等领域对电气柜的功能需求、现有电气柜产品的优缺点以及未来的技术发展方向。例如，了解到新市场中的工业自动化项目对电气柜的智能化控制、小型化设计以及高防护等级有较高需求，同时发现竞争对手在智能化控制功能方面已经有一定的市场份额，且产品更新换代速度较快。

研发部门要根据新市场的需求对产品进行优化和创新。结合市场部门提供的调研信息，研发出更符合新市场客户需求的产品。在功能、性能、可靠性等方面进行改进和提升。比如，针对新市场中工业自动化领域对电气柜智能化控制的需求，电气柜研发部门在电气柜中集成先进的智能控制系统，实现对电气设备的远程监控、故障预警和自动诊断功能，提高设备运行的可靠性和稳定性。同时，为满足小型化设计需求，研发部门采用新型的电气元件和紧凑的布局设计，在不影响电气性能的前提下，减小电气柜的体积。研发部门还要关注行业技术发展趋势，不断进行技术创新，为企业在新市场的竞争中提供技术支持。例如，随着物联网技术在电气领域的应用逐渐广泛，研发部门积极探索将物联网技术融入电气柜，实现电气柜与其他工业设备的互联互通，提升整个工业系统的智能化水平，增强产品的竞争力。

生产部门需根据新市场的需求调整生产计划和产能。对于电气柜制造企业来说，生产部门要与研发部门密切配合，根据电气柜产品的更新迭代计划，及时调整生产工艺和设备。例如，为了生产具有智能控制功能的电气柜，生产部门需要对生产线进行升级，引入新的检测设备和装配工艺，确保智能控制模块的准确安装和可靠运行，加强与供应商的合作，优化供应链管理，确保电气元件的稳定供应和成本控制。生产部门还要注重产品质量控制，严格按照国际标准和客户需求进行生产和检测，提高电气柜产品的质量，树立企业良好的品牌形象。比如，建立完善的质量检测体系，从原材料检验、生产过程中的半成品检测到成品出厂检测，进行全方位的质量把控，确保每一台电气柜都符合高质量标准，减少产品售后故障的发生。

人力资源部门要为新市场开拓提供人才保障。招聘和培养具备跨文化沟通能力、市场开拓能力和专业技能的人才。针对新市场的特点，组织员工进行相关培训，提升员工对新市场的了解和适应能力。建立有效的激励机制，激发员工的工作积极性和创造力，为企业在新市场的发展贡献力量。例如，一家电气柜制造企业在开拓海外新市场时，招聘了具有海外电气行业工作经验和当地语言能力的人才，并组织内部员工参加跨文化培训和电气专业技能培训。同时，制定了富有吸引力的薪酬福利体系和晋升机制，留住了优秀人才，为新市场的开拓提供了有力的人力支持。

财务部门在新市场开拓中负责资金的筹集和管理。为新市场开拓提供充足的资金支持，合理安排预算，确保各项费用的合理支出。评估新市场开拓项目的财务风险，制定相应的风险应对措施。财务部门还要加强成本控制，优化资金使用效率，提高企业的盈利能力。比如，对于电气柜企业在新市场的推广费用、研发投入、生产设备升级等方面进行详细的预算规划，合理安排资金。对新市场开拓过程中的各项费用进行严格审核，杜绝浪费现象。同时，关注汇率波动等因素对企业财务状况的影响，通过合理的金融工具进行风险对冲，保障企业的财务稳定。

资源分配策略：合理布局，精准投入

许多企业在内部采用"赛马机制"，将资源优先分配给销售额高的产品线。这种策略虽然能在短期内维持业绩，但对新产品线和新市场的开拓却极为不利，甚至可能背离企业开拓新市场的战略意图。**在企业的发展过程中，新产品线和新市场的开拓至关重要，而合理的资源分配则是实现这一目标的关键。资源分配的合理性直接影响企业的创新能力、市场竞争力和长期发展潜力。**因此，企业需要综合考虑多个因素，制定科学有效的资源分配策略。

1. 基于战略规划分配资源

企业应依据整体战略规划，明确新产品线和新市场的战略定位和发展目标，以此为基础进行资源分配。例如，一家科技企业计划开拓海外人工智能市场，便根据市场潜力、竞争态势等因素，确定在未来三年内将人工智能产品线的市场份额提升至一定比例的目标。随后，依据这一目标，企业对研发、市场、销售等部门的资源进行合理分配。研发部门获得充足资金用于技术创新，市场部门得到相应资源开展市场调研和品牌推广，销售部门则获得人力和费用支持，以拓展海外销售渠道。通过这种方式，确保各部门资源分配与企业战略目标紧密结合，为新产品线和新市场的开拓提供有力支持。

2. 建立灵活的资源调配机制

市场环境瞬息万变，企业需建立灵活的资源调配机制。当新市场出现机遇或挑战时，能够迅速调整资源分配。例如，某工业自动化解决方案提供商在开拓新的智能制造市场时，原本将大部分资源集中在某几个重点行业的推广上。然而，在市场调研中发现，其中一个新兴行业对智能制造解决方案的需求增长迅速，且竞争相对较小。于是，企业迅速从其他项目中调配部分技术人员和市场推广资金，成立专门的项目组针对该新兴行业进行产品定制和市场推广。同时，对原计划中资源利用效率较低的推广活动进行调整，将资源重新分配到更有潜力的领域，提高了资源整体利用效率，使企业能够快速抓住新市场机遇，在新兴行业中占据一席之地。

3. 平衡短期利益与长期利益

在资源分配过程中，企业要兼顾短期利益和长期发展。不能仅因旧产品线短期内销售额高，就将大量资源投入其中，而忽视新产品线和新市场的培育。以某传统制造业企业为例，尽管其传统产品仍有稳定的市场需求和较高销售额，但企业意识到智能制造是未来的发展趋势，便在维持传统产品线必要资源投入的同时，逐步加大对智能制造产品线的研发投入、人才培养和市场开拓等资源配置。通过这种平衡策略，既保证企业当前的盈利，又为未来发展奠定基础。

4. 根据部门职能和需求进行分配

不同部门在新产品线和新市场开拓中承担不同职能，需求也各不相同。企业应深入了解各部门的实际需求，进行有针对性的资源分配。研发部门需要资金用于技术研发、设备购置和人才培养；市场部门需要资源开展市场调研、品牌推广和营销活动；销售部门则需要人力、费用和销售渠道资源。以一家提供企业级云服务的公司为例，在开拓海外新市场并推出云安全产品线时，根据各部门需求进行了如下资源分配：研发部门获得资金用于购买先进的安全测试设备，招聘安全领域的专家和技术人才，投入大量时间和精力进行云安全技术研发和产品迭代；市场部门得到资源开展全球范围内的市场调研，了解不同国家和地区的云安全法规政策、市场需求和竞争格局，制定全面的品牌推广和营销计划，包括参加国际云安全行业展会、举办线上技术研讨会等；销售部门增加了具有海外销售经验的人员，获得市场推广费用和渠道拓展资金，与当地的云服务经销商、系统集成商建立合作关系，拓展销售渠道，提高产品的市场覆盖率。确保各部门能充分发挥职能，推动新市场的开拓。

5. 引入数据驱动的决策机制

借助数据分析工具，企业可以更准确地评估各部门在新产品线和新市场开拓中的资源需求和使用效率。通过收集和分析市场数据、销售数据、研发数据等，企业能够了解不同产品线和市场的发展趋势、潜在风险以及资源利用情况。例如，某企业级数据分析软件公司在开拓新市场时，通过数据分析发现，在某一地区，通过线上渠道获取客户的成本较低且转化率较高，而线下推广活动的投资回报率较低。基于此，企业调整资源分配，加大对线上营销团队的投入，增加线上广告投放预算，优化线上推广策略；同时减少线下推广活动的资源投入，将节省下来的资源用于提升产品的技术支持和客户服务质量。通过这种数据驱动的决策机制，提高了资源分配的精准性和有效性，使企业在新市场的开拓中取得更好的效果。

6. 加强部门间沟通与协作

有效的资源分配需要各部门之间密切沟通与协作。企业应建立跨部门沟通机制，定期组织会议，让各部门共同参与资源分配的讨论和决策。在新产品线和新市场开拓过程中，各部门能够及时交流信息，分享资源需求和使用情况。例如，一家为企业提供供应链管理解决方案的公司，在开拓新市场并推出一款全新的供应链金融产品时，研发部门与销售部门密切沟通。研发部门根据销售部门反馈的客户需求信息，及时调整产品功能和服务模式，确保产品更符合市场需求；销售部门提前了解产品特点和优势，以便更好地向客户进行推广。同时，市场部门与研发、销售部门协作，根据市场调研结果为产品定位和推广策略提供建议。通过加强部门间的沟通与协作，避免资源重复投入和浪费，实现资源的优化配置，推动新产品线和新市场的顺利开拓。

在新市场和新业务的开拓过程中，资源分配策略的制定与执行至关重要。企业应基于战略规划、灵活调配资源、平衡短期与长期利益、根据部门需求分配资源，并引入数据驱动的决策机制，同时加强部门间的沟通与协作。通过这些措施，企业能够更有效地配置资源，提升创新能力与市场竞争力，确保在新市场中的成功开拓与长期发展。

第二节
精准调研：锁定目标市场的关键

华为有一套战略规划与落地的方法，叫"五看三定"。其中的"五看"就是企业在海外市场拓展的征程前要做的精准的市场调研分析工作。"五看"包括以下几点。

看宏观：分析政治、经济、社会、技术等宏观环境因素，找到市场机会和挑战。

看行业：理解行业的现状和发展趋势，识别行业内的价值转移和利润区。

看客户：深入了解客户需求及其变化，以及客户的购买行为。

看竞争：研究竞争对手的优势、劣势、策略及未来规划。

看自己：评估自身的能力、优势与不足，确定适合自己的业务领域。

中小企业出海前市场调研准备工作，同样可以参考华为的"五看"来做。

宏观市场分析：把握市场趋势，找准方向

1. 确定目标市场范围

企业在开启海外市场探索之旅时，首要任务便是运用多种渠道与资源，精准锁定同类产品在海外的销售版图。网络搜索是便捷的起点，借助搜索引擎的强大功能，输入相关产品关键词及地域限定

词，可获取大量的市场信息。例如，在搜索通信设备时，结合不同国家或地区名称，能快速了解该产品在全球各地的市场分布概况。

行业报告更是不可或缺的宝贵资料。国际知名市场研究机构如 Gartner、IDC、Forrester 等发布的报告，涵盖了众多行业的详细市场数据与分析。以智能手机行业为例，这些报告不仅提供了全球各主要地区的销量、市场份额及增长趋势，还深入剖析了不同价格段、技术特性产品的市场表现。企业可从中筛选出具有潜力的市场区域，如近年来东南亚地区因人口红利、智能手机普及率快速上升等因素，成为众多手机厂商竞相角逐的新兴市场。不少行业报告是要收费的，企业也可以通过搜索图片的方式来获得免费的行业报告。

在确定目标市场范围过程中，深入分析潜在市场规模与增长趋势是关键环节。这需要综合考量多方面因素。经济发展水平是重要指标之一，发达国家如美国、欧洲部分国家，消费能力强，对高端、智能化产品需求旺盛；而新兴经济体如印度、巴西等，虽然人均收入相对较低，但人口基数庞大，市场增长潜力巨大。

消费习惯对产品需求影响显著。以食品行业为例，欧美消费者注重健康、便捷的食品，有机食品、即食食品市场需求较大；而亚洲部分国家消费者对传统口味、特色食品则更为青睐。

政策法规也是不可忽视的因素。某些国家对特定产品可能设有严格的质量标准、认证要求或进口限制。例如，欧盟对电子产品的环保标准（如 RoHS 指令）要求极高，企业产品若想进入欧盟市场，必须确保符合相关标准。

通过对这些因素的全面评估，企业能够更精准地筛选出与自身产品和发展战略高度契合的目标市场，为后续市场拓展奠定坚实基础。

2. 研究市场趋势与动态

国际行业展会和各国垂直行业协会是企业了解市场趋势与动态的前沿阵地。例如德国汉诺威国际信息及通信技术博览会，作为全球通信行业的顶级盛会，汇聚了来自世界各地的顶尖企业、行业专家与最新技术成果。在展会上，企业可以直观地感受到通信技术的创新潮流，如5G技术的应用拓展、物联网设备的蓬勃发展等。通过与参展商、专业观众的交流互动，企业能够获取第一手的市场信息，了解竞争对手的最新产品与技术优势，洞察行业发展的未来走向。对于各地展会的信息，企业可通过两种途径来获取，一是上Google用"国家＋行业＋Expo"关键词搜索，二是通过潜在友商发布的社交媒体帖子来了解。

专业媒体报道也是企业追踪市场趋势的重要窗口。行业权威媒体如《通信世界》《电子工程专辑》等，会定期发布关于行业技术创新、市场需求变化、竞争态势及政策调整等方面的深度报道与分析文章。以新能源汽车行业为例，媒体对电池技术突破、各国新能源汽车补贴政策变化、特斯拉等行业巨头的战略布局等内容的报道，为相关企业提供了及时、全面的市场动态信息，帮助企业及时调整产品研发方向与市场策略。

市场研究机构发布的资讯更是企业决策的重要参考依据。这些机构凭借专业的研究团队与科学的研究方法，对市场趋势进行长期跟踪与深入分析。例如，麦肯锡咨询公司、波士顿咨询公司等发布的关于全球数字化转型趋势的报告，详细阐述了各行业在数字化浪潮下的变革路径与市场机遇。企业可以根据这些报告，结合自身业务特点，提前布局数字化产品与服务，抢占市场先机。

竞争对手分析：知己知彼，百战不殆

在出海战略中，全面且深入地分析竞争对手是企业获取竞争优势的关键步骤。通过对竞争对手产品能力、上下游产业链、认证和专利情况的细致剖析，并将分析结果巧妙应用于实际战略，企业能够在复杂多变的国际市场中找准定位，制定出更具针对性和实效性的策略。

1. 确定竞争对手

精准确定竞争对手是开展竞争分析的基础。企业可依据自身所处行业、产品类型、目标市场以及市场定位来锁定分析对象。**企业进入新市场时，一般来说从战略上产品能力对标一线品牌，而战术上则是先攻打二三线品牌。**

产品能力对标一线品牌的意义在于产品能力对标一线品牌有助于提升企业自身的产品水平和品牌形象。通过对标，企业可以学习一线品牌的先进技术、设计理念和质量管理体系，提高自身产品的竞争力。向一线品牌看齐，也能让消费者对企业产品有更高的期待和认可度，为品牌的长期发展奠定基础。例如华为手机在发展初期，通过对标苹果、三星等一线品牌，不断提升自身的研发能力和产品品质，逐渐在高端市场获得了一席之地。

而先攻打二三线品牌的优势则是二三线品牌市场竞争相对较弱，进入门槛较低。企业在进入新市场时，先攻打二三线品牌可以降低市场开拓难度，积累市场经验和客户资源。二三线品牌的客户对价格更为敏感，对品牌忠诚度相对较低，企业可以凭借性价比优势快速打开市场。例如，传音手机在进入非洲市场时，针对当地消费者的需求和消费能力，推出价格亲民、功能实用的手机，迅速占领了非洲市场的较大份额。先攻打二三线品牌可以避免与一线品牌的直接正面竞争，减少竞争压力，让企业有足够的时间和资源发展壮大，提升自身实力后再向一线品牌发起挑战。

2. 竞争对手产品能力分析的具体步骤

竞争对手产品能力分析是企业制定有效竞争策略的关键环节，通过全面深入的分析，企业能更好地了解市场格局，明确自身优势与不足，从而在竞争中脱颖而出。具体可按以下步骤进行。

（1）收集产品信息。

① 官方渠道收集：企业官网是获取信息的重要来源，能了解到竞争对手产品的功能模块、特点优势、适用行业、解决方案等内容。例如，Worktile 官网详细展示了其项目管理软件涵盖任务管理、进度跟踪、团队协作等功能模块，以及针对不同行业的定制化解决方案。产品手册和白皮书会更深入地阐述产品的技术原理、应用场景和价值主张。同时，关注竞争对手的线上线下活动资料，像线上会议、蓝皮书、案例分享等，从中获取产品的深度信息和应用案例。

② 客户与合作伙伴获取：与竞争对手的客户沟通是获取一手信息的有效途径。可以通过行业论坛、社交媒体群组等渠道，找到使用过竞品的客户，了解他们对产品的评价、使用体验、遇到的问题以及期望的改进方向。与竞争对手的合作伙伴交流，能获取产品在合作过程中的表现、优势和不足等信息。比如，一家企业级软件供应商的合作伙伴可能会透露其产品在集成过程中的兼容性问题或优势功能。

③ 参加行业展会与活动获取信息：参加行业展会、研讨会、峰会等活动，不仅能直接观察竞争对手的产品展示和演示，还能与对方的销售、技术人员交流，获取第一手信息。在这些活动中，还可以了解到竞争对手的产品新动态、研发方向等。例如，在每年的

全球云计算大会上，各大云服务提供商都会展示其最新产品和技术，参会企业可以近距离了解竞争对手的产品优势和创新点。

（2）分析产品功能与性能。

① 功能拆解与对比：将竞争对手产品的功能进行详细拆解，与自身产品逐一对比，列出功能差异点。以企业级 CRM 系统为例，对比 Salesforce 公司和自家产品的客户管理、销售流程自动化、数据分析等功能模块，分析各自的优势和不足。按重要性和对客户业务的价值，对功能进行优先级排序，确定关键功能。比如，对于销售团队来说，客户线索管理和销售预测功能可能更为关键。

② 性能评估与测试：对于一些有量化指标的产品性能，如响应时间、数据处理能力、系统稳定性等，可通过公开资料、行业报告或实际测试进行评估。如果是企业级数据库产品，可以参考专业机构的性能测试报告，对比竞争对手在数据读写速度、并发处理能力等方面的表现。对于一些无法直接获取数据的性能指标，可以通过实际案例和客户反馈进行定性评估。

（3）评估产品质量与可靠性。

① 客户反馈收集：在 B 端市场，客户的口碑和评价对产品质量和可靠性的判断至关重要。通过在线评论平台、行业社区、客户推荐计划等渠道，收集客户对竞争对手产品的反馈。关注客户提到的产品漏洞、故障频率、技术支持响应速度等问题。例如，在 Gartner Peer Insights 等平台上，能看到企业客户对不同厂商产品的评价和反馈。而 C 端市场则通过电商平台来收集。

② 可靠性测试参考：参考专业机构的可靠性测试报告，了解竞争对手产品在不同环境和使用条件下的可靠性表现。企业可根据这些报告，分析竞争对手产品在可靠性方面的优势和不足，为自身产品的质量改进提供方向。

（4）分析产品的市场适应性。

① 目标市场定位分析：研究竞争对手产品在不同行业、不同规模企业中的市场定位和市场份额。比如，SAP 公司的 ERP 系统主要针对大型企业，提供高度定制化的解决方案；而一些小型的 ERP 厂商则专注于中小企业市场，提供标准化、轻量化的产品。分析竞争对手的市场定位策略，有助于企业找准自身产品的市场定位，避免直接竞争。同时，了解竞争对手在不同区域市场的表现，分析其区域市场策略和适应性。

② 行业适配性分析：不同行业对 B 端产品的需求差异较大。分析竞争对手产品在不同行业的应用案例和适配情况，了解其针对不同行业的定制化能力。例如，一家工业互联网平台，在汽车制造行业和电子制造行业的应用场景和功能需求可能有所不同，分析竞争对手在这些行业的解决方案，能发现自身产品的改进方向和市场机会。关注竞争对手与行业内领军企业的合作关系，以及对行业趋势的把握能力，判断其产品在行业中的竞争力。

3. 竞争对手上下游产业链分析的具体步骤

竞争对手上下游产业链分析，能够帮助企业全面了解竞争对手的运营环境，发现潜在机会与威胁，为制定战略提供有力支撑。以下是进行该分析的具体步骤。

（1）收集产业链信息。

① 上游信息收集：针对竞争对手，从多种渠道收集其上游供应商信息。供应商涵盖提供硬件设备、软件技术、原材料等各类角色。例如，阿里云的上游供应商包含芯片制造商（如英特尔，为其提供服务器芯片，影响计算性能和稳定性）、软件授权商（如操作系统提供商，为其云服务提供基础软件支持）。收集信息可借助企业官网、行业报告、新闻资讯、供应商公开信息等。此外，关注供

应商与竞争对手的合作紧密度、供应稳定性等。若某云服务企业过度依赖单一芯片供应商，一旦供应商出现问题，云服务的稳定性和供应能力可能受影响。

② 下游信息收集：下游主要涉及竞争对手的销售渠道、合作伙伴及客户群体。以腾讯云为例，其销售渠道多样，包括直销团队、代理商、经销商等。合作伙伴涵盖系统集成商、ISV（独立软件开发商）等，它们与腾讯云合作，将云服务集成到整体解决方案中，提供给客户。客户群体包含不同行业、不同规模的企业。收集这些信息可通过行业论坛、客户访谈、合作伙伴披露信息等途径进行。了解竞争对手如何与下游合作、客户对其服务的反馈等，能为企业自身发展提供参考。

（2）分析上游产业链。

① 供应商依赖度评估：评估竞争对手对各供应商的依赖程度。若依赖度高，供应商的任何变动都可能影响其产品供应和服务质量。如某云服务企业若过度依赖特定芯片供应商，在芯片供应短缺时，可能面临服务器扩容困难、服务性能下降等问题。这对自身企业而言是机会，可加强与多元化供应商合作，保障自身服务稳定，借此吸引受影响的客户。

② 供应商议价能力分析：分析供应商的议价能力。若供应商产品独特、市场上替代品少，其议价能力强，会影响竞争对手成本控制。例如，在云服务领域，若某软件授权商的产品不可替代，云服务企业在采购时需支付较高费用，压缩利润空间。企业可研究竞争对手应对高议价能力供应商的策略，思考自身在类似情况下的应对方式。

（3）分析下游产业链。

① 销售渠道分析：研究竞争对手销售渠道的优势和劣势。比

如，阿里云通过强大的线上营销能力和广泛的线下渠道，能有效触达客户。企业可分析其渠道策略，如线上营销的推广方式、线下渠道的布局和管理模式等。若发现竞争对手在某区域线下渠道薄弱，自身企业可考虑加强该区域线下布局，提升市场覆盖率。

②客户群体及需求分析：深入剖析竞争对手的客户群体特征和需求。以服务中小企业的云服务企业为例，需了解竞争对手的客户行业分布、规模大小、主要需求痛点等。若发现竞争对手在某行业客户服务上存在不足，如对制造业企业的定制化需求响应不及时，企业可针对该行业优化自身服务，提供更贴合需求的解决方案，吸引这部分客户。

（4）识别产业链机会与威胁。

①寻找合作机会：在上下游产业链中挖掘与竞争对手合作的可能。例如，企业与竞争对手可共同与某一供应商谈判，争取更优惠的采购价格，实现成本降低。或者在下游，与竞争对手的合作伙伴建立合作关系，拓展自身业务渠道。比如，某云服务企业可与竞争对手的 ISV 合作伙伴合作，将自身特色服务融入其解决方案，扩大市场影响力。

②应对竞争威胁：分析竞争对手产业链可能带来的威胁。若竞争对手与上游关键供应商建立独家合作，可能限制企业获取优质资源，企业需提前规划替代方案，寻找其他供应商或加强自身研发能力。若竞争对手通过下游渠道推出与自身类似的高竞争力解决方案，企业需及时调整产品策略，提升产品差异化优势。

4. 竞争对手认证和专利情况分析的具体步骤

对于企业而言，了解竞争对手的认证和专利情况是评估其技术实力、市场竞争力和战略布局的重要手段。这有助于企业找到自身优势与差距，制定更具针对性的发展策略。以下是竞争对手认证和专利情况分析的具体步骤。

（1）收集认证和专利信息。

① 查询官方数据库：各国的官方认证机构网站和专利数据库是获取信息的核心渠道。例如，国家认证认可监督管理委员会网站提供国内各类认证信息；欧洲专利局（EPO）、美国专利商标局（USPTO）等国际数据库，则能帮助企业获取全球范围内的专利信息。在查询时，通过输入竞争对手的企业名称、产品关键词等，可以获取相关的认证证书和专利文件。以西门子为例，在这些数据库中可查到其在工业自动化控制技术、电力传输等领域拥有众多专利和相关认证。

② 查阅企业官网和年报：企业官网通常会展示其重要的认证和专利成果，这些信息是企业对外宣传自身技术实力和产品优势的重要内容。企业年报也可能包含知识产权相关信息，从中可以了解到企业在认证和专利方面的投入、战略规划以及发展趋势。例如，ABB 在其官网显著位置展示了产品获得的各类国际认证，年报中也会提及专利申请数量和研发投入情况，这些信息直观地反映了其在行业中的技术地位。

③ 利用行业报告和资讯平台：专业的行业报告和资讯平台能提供更全面、深入的市场分析和企业情报。例如，Gartner、IDC 等机构发布的行业报告，会对企业的技术竞争力、专利布局等进行分析和评估。行业资讯平台如电气自动化网、工业控制网等，会及时报道企业的认证和专利动态。通过这些渠道，企业可以了解到竞争对手在认证和专利方面的最新消息，以及行业内的整体发展趋势。

（2）分析认证情况。

① 认证类型和数量统计：对收集到的认证信息进行分类统计，明确竞争对手在不同领域的认证数量分布。例如，将认证分

为质量管理体系认证（如 ISO 9001）、环境管理体系认证（如 ISO 14001）、产品安全认证（如 UL 认证）等。以施耐德电气为例，它在多个领域拥有丰富的认证，包括针对电气设备安全的 UL 认证、体现质量管理水平的 ISO 9001 认证等，这反映出其在产品质量、安全和环保等方面的全面投入和高标准要求。

② 认证的市场价值评估：不同认证在不同市场和行业中的价值和影响力各不相同。在一些对安全性要求极高的行业，如医疗设备、航空航天等领域，相关的安全认证至关重要；而在注重环保的行业，环境管理体系认证则更具价值。例如，在医疗器械行业，获得美国食品药品监督管理局（FDA）的认证，对于产品进入美国市场具有决定性意义。企业需要分析竞争对手获得的认证在目标市场和行业中的认可度和重要性，以评估其市场竞争力。

③ 认证趋势分析：关注竞争对手认证的变化趋势，包括新获得的认证和失去的认证。新获得的认证可能意味着企业进入了新的市场或领域，或者在产品质量、技术创新等方面取得了进展；失去的认证则可能暗示企业在某些方面出现了问题。例如，一家工业机器人企业获得了某项新兴技术的相关认证，可能表明它在该技术领域已经取得突破，并准备进入相关市场，这对其他竞争对手来说是一个重要的信号。

（3）分析专利情况。

借助专利分类号和关键词对竞争对手的专利进行技术领域分类。例如，在工业自动化领域，可分为运动控制技术、传感器技术、自动化软件算法等类别。通过分析专利在不同技术领域的分布，可以了解竞争对手的技术研发重点和核心竞争力所在。以发那科为例，其在机器人运动控制技术方面拥有大量专利，这表明该公司在这一领域具有深厚的技术积累和强大的研发实力。

第三节
产品适配：出海前的关键准备

企业出海前，除进行宏观市场分析和竞争分析外，还需对自身产品和售后服务体系进行全面审视，确保其能够满足海外目标市场的需求。这一环节至关重要，直接关系到企业在海外市场的生存与发展。

产品适配的重要性：契合市场，赢得先机

1. 契合市场需求

不同国家和地区的市场需求差异巨大，通过产品适用性自检，能深入了解目标市场的客户需求、使用习惯和消费偏好等，进而对产品进行针对性优化，提升产品与市场的契合度。例如，某电气公司的变频产品，因操作流程与海外一线品牌不同，导致部分市场打不开，后来调整设计才解决问题。

2. 提升产品竞争力

全面评估产品在功能、性能、质量等方面的表现，找出与竞争对手的差距，通过改进和创新，突出产品优势，提高竞争力。以华为为例，其在发展过程中不断对标思科等竞争对手，明确自身产品定位，通过技术研发和服务提升，逐步在国际市场站稳脚跟。企业出海前进行产品适用性自检，有助于在竞争激烈的海外市场脱颖而出。

3. 控制售后成本

若产品适用性不足，售后问题会增多，导致售后成本大幅增加。一些企业因产品质量或适配性问题，在海外面临高额的维修、更换成本，甚至出现产品召回的情况，严重影响企业利润。做好产品适用性自检，可提前发现并解决问题，降低售后成本，保障企业盈利。

4. 维护品牌形象

产品适用性直接影响品牌形象。在海外市场，一旦产品出现问题，不仅会导致客户流失，还会对品牌声誉造成负面影响。例如，部分中国企业曾因产品质量问题，在俄罗斯等市场损害了中国品牌的整体形象。注重产品适用性，能为客户提供优质的产品和服务，树立良好的品牌形象，增强客户对品牌的信任和忠诚度。

5. 确保合规运营

不同国家和地区有不同的法规、标准和认证要求，产品适用性自检能确保产品符合当地的法规标准，避免因违规而面临罚款、产品下架等风险。企业的产品若获得众多认证，能增强客户对其品牌和品质的认可，同时也为产品进入市场提供了便利。忽视这些要求，企业将难以进入目标市场或在市场中立足。

产品适配检查步骤：全面评估，确保质量

企业出海前的产品适用性检查是一项复杂且关键的工作，需全面综合考量多方面因素。可从明确产品定位、评估产品性能和质量、审查法规和认证的合规性、优化产品包装和文档、考虑售后和交付能力、借鉴成功案例的经验教训等方面着手，以确保产品能在海外市场顺利立足。

1. 明确产品定位

深入剖析目标市场，全方位了解当地客户需求、使用习惯和消

费偏好。例如，中国的某智能家居企业在准备进入欧美市场时，通过市场调研发现当地消费者更注重产品的简约设计和智能化集成控制，对产品的隐私保护也有较高要求。而该企业原产品在功能设计上更偏向于满足国内用户对功能多样性的需求，外观设计较为复杂。于是，该企业根据欧美市场的特点，对产品进行重新定位，简化外观设计，加强智能化集成控制功能，并优化隐私保护措施，主打高端智能、简约易用的产品定位。通过对标行业领先品牌，像华为对标思科，明确自身产品的优势和差异化特点。某中国手机品牌在进入印度市场时，研究发现当地市场竞争激烈，消费者对价格敏感且对拍照功能有较高需求。该品牌通过分析竞争对手，确定自身以中低端市场为主，主打高性价比和出色拍照功能的定位，推出了一系列符合当地消费者需求的手机型号，迅速获得了市场份额。

2. 评估产品性能和质量

对产品的功能、性能和质量进行全面评估，深入分析核心器件。例如，拆解产品查看核心芯片，了解产品的性能特性和成本区间，并与竞争对手进行对比。一家中国的电子设备企业在准备进入国际市场时，对产品进行拆解分析，发现自家产品所使用的芯片在处理多任务运行时性能不如竞争对手的产品，导致产品在运行多个应用程序时容易出现卡顿现象。企业随后与芯片供应商合作，对芯片进行优化升级，提升了产品的多任务处理能力。进行严格的产品测试，涵盖实验室测试和实际场景测试。某中国汽车企业在准备进入欧洲市场时，针对欧洲的路况和驾驶习惯进行了大量实际场景测试。在德国的高速路段测试车辆的高速稳定性和耐久性，在北欧的严寒地区测试车辆的低温启动性能和电池续航能力。通过这些测试，发现并解决了车辆在高速行驶时的噪声问题以及低温环境下电池性能下降过快的问题，确保产品在各种环境下都能稳定运行，减少售后问题。

3. 审查法规和认证的合规性

详细了解目标市场的法规、标准和认证要求。例如，欧洲市场对电子产品有 CE 认证、环保要求以及一些行业特定的认证；美国市场有 FCC、UL 以及州级能效标准等。某中国灯具企业计划进入美国市场，提前了解到美国对灯具的能效标准和安全认证要求严格，如加利福尼亚州的 CEC 能效标准。企业积极准备相关资料，按照标准对产品进行改进和测试，顺利获得了相关认证，避免了因认证缺失导致产品无法进入市场的风险。对产品的各个环节进行审查，确保从设计、生产到包装都符合当地法规标准。某中国玩具企业在准备进入欧盟市场时，对产品的设计、生产材料以及包装进行全面审查。发现产品包装上的警示标识不符合欧盟的规定，及时对包装进行修改，确保产品符合欧盟的法规标准，避免了在市场中受阻的情况。

4. 优化产品包装和文档

依据目标市场的环保法规、审美标准和客户需求优化产品包装。某中国化妆品企业在进入日本市场时，了解到日本消费者注重环保和产品的精致感。企业在包装设计上采用可降解材料，同时优化包装的外观设计，使其更加简约精致，符合日本消费者的审美标准，提升了产品在当地的吸引力。完善产品文档，提供多语言支持，确保文档内容详细、准确。某中国软件企业在进入国际市场时，为产品配备了多种语言的操作手册和帮助文档，涵盖英语、日语、韩语、西班牙语等多种语言。并且对文档内容进行精心编写，详细介绍产品的功能、操作步骤、技术参数以及维护指南等，方便海外客户使用和维护产品，提高了客户满意度。

5. 考虑售后和交付能力

评估自身的售后和交付能力，建立海外售后团队或与当地的合作伙伴合作。某中国家电企业在进入东南亚市场时，与当地的一家知名售后服务公司合作，建立了完善的售后服务网络。当产品出现问题时，当地的售后服务团队能够迅速响应，为客户提供及时的维修和技术支持服务，提高了客户满意度和忠诚度。优化交付流程，确保产品能够按时、准确地交付到客户手中。某中国电商企业在拓展海外业务时，与国际知名物流企业合作，优化物流配送路线和仓储管理。通过建立区域仓储中心，实现了对周边地区客户的快速配送，缩短了交付时间，避免了因交付问题影响客户体验和合作关系。

6. 供应商资质与能力评估

审查供应商的生产资质和行业认证，确保其符合海外目标市场的法规标准，如欧盟的 CE 认证、美国的 UL 认证等相关要求。评估供应商的生产能力，包括产能规模、生产设备先进性、技术研发能力和人员配备等，判断其是否能满足海外市场可能的订单量增长和产品质量提升需求。例如，对于计划拓展欧美市场的电子企业，其零部件供应商应具备相应的国际认证，且有能力在旺季时迅速增加产量，以应对市场需求波动。曾经有一家中国电子企业计划进入美国市场，在前期调研中发现，其主要零部件供应商虽然在国内表现良好，但缺乏美国市场所需的 UL 认证，且在产能方面也难以满足美国市场旺季的需求。该企业果断寻找新的具备资质和能力的供应商，避免了进入美国市场后可能出现的供应问题。

7. 质量控制体系有效性

检查企业自身及供应商的质量控制流程和标准，确保其严格且有效执行。从原材料检验、生产过程中的半成品检测到成品出厂检验，每个环节都应符合海外市场的质量期望。可以通过审核供应商的质量检测报告、实地考察生产车间的质量管控措施，以及收集客户反馈来评估质量控制体系的运行效果，保证出口产品质量稳定可靠，减少因质量问题导致的海外市场退货、索赔等风险，维护企业品牌形象。

8. 借鉴成功案例和经验教训

参考相关实践案例，学习成功企业在产品自检和本地化适配方面的经验。例如，欧洲智能电表改造案例中，企业发现德国多区域4G网络覆盖不足，紧急增加 LoRaWAN 双模通信模块，虽然成本增加了 5%，但市场占有率提升了 23%。中国某智能电表企业在进入欧洲市场时，借鉴了这一经验，提前对目标市场的网络覆盖情况进行调研，针对部分地区网络覆盖不足的问题，在产品设计阶段就增加了多种通信模块的支持，顺利打开了欧洲市场。关注行业内的失败案例，从中吸取教训。如某品牌因未适配印度电压而烧毁百万设备，中国某电子设备企业在进入印度市场前，对印度的电网电压情况进行了深入研究，对产品的电源模块进行特殊设计和优化，确保产品能够适应印度的电网电压波动，避免了类似的失败情况发生。

提升售后服务能力：增强客户忠诚度的关键

售后服务的重要性不容忽视，尤其是在海外市场。海外客户对售后服务的响应速度和质量有着极高的要求。由于地域和文化差异，一旦产品出现问题，客户期望能够迅速获得有效的技术支持和维修服务。如果企业无法及时响应或解决问题，客户可能会转向其他品牌，导致客户流失。例如，在技术设备销售中，若企业不能及时提供售后维修服务，客户的生产或业务运营可能会受到严重影响，进而削弱客户对企业的信任。

完善的售后服务体系是建立长期稳定客户关系的关键。通过及时解决客户问题、提供技术培训和定期回访等服务，企业能够显著提升客户的忠诚度，促进复购和口碑推荐。以某些汽车品牌为例，它们在海外市场通过建立广泛的售后服务网点，提供优质的保养和维修服务，成功培养了大量忠实客户，不仅提升了品牌的市场占有率，还赢得了良好的口碑。

此外，在某些行业中，售后服务本身就是产品价值的重要组成部分。例如，对于大型机械设备或医疗设备，售后的安装调试、维护保养等服务是确保产品正常运行和发挥效能的关键环节，直接影响客户对产品的整体评价和购买决策。

为了确保售后服务能力能够满足海外市场需求，企业可以从以下几个维度进行自查。

1. 响应速度与渠道覆盖

评估企业针对海外客户咨询和问题反馈的响应时间。检查是否建立了多语言的客户服务热线、在线客服平台或电子邮件渠道，并确保这些渠道在海外目标市场的工作时间内能够及时处理客户诉求。例如，若企业主要面向欧美市场，需确保在当地的正常工作时间内，客户咨询能在数小时内得到回复，且客服人员具备流利的英语沟通能力。同时，考察在海外是否设有本地服务网点或与当地授权维修机构合作，以保障在产品出现问题时能够快速提供现场维修或技术支持，缩短客户等待时间，提高客户满意度。

2. 技术支持水平

审视企业技术人员对出口产品的熟悉程度和专业技能，能否解决海外客户遇到的复杂技术问题。检查是否有针对海外市场的技术培训资料和远程诊断工具，以便在无法现场服务的情况下，通过网络远程协助客户解决部分问题。例如，对于高科技产品企业，技术人员应能够熟练掌握产品的软件升级、硬件故障排查等操作，并能通过视频通话等方式指导海外客户进行简单维修或调试，确保产品在海外市场的正常使用，减少因技术问题导致的产品闲置或退货情况。

3. 备件供应与物流保障

分析企业在海外市场的备件库存管理情况，是否在目标市场或邻近地区设有备件仓库，库存水平能否满足常见故障维修的需求。评估备件供应的物流及时性和成本效益，确保在客户需要更换零部件时，能够迅速发货并在合理时间内送达。例如，对于机械产品出口企业，需根据产品的故障率和海外市场的销售规模，合理储备易损件，并与可靠的国际物流商合作，保证备件运输的快速与安全，避免因备件短缺或运输延误导致客户长时间无法使用产品，影响企业声誉。

4. 客户反馈处理机制

检查企业是否建立了完善的海外客户反馈收集、分析和改进机制。定期收集客户对售后服务的评价和建议，分析其中的共性问题和改进方向，并及时将改进措施落实到售后服务流程中。例如，通过在线调查问卷、客户回访等方式获取反馈，对于客户反映较多的服务环节或技术问题，组织相关部门进行研讨和优化，不断提升售后服务质量，增强海外客户对企业的忠诚度和口碑。

📠 实战案例：

国家级专精特新重点
"小巨人"企业如何构建海外服务体系

在全球化的浪潮中，出海企业要想在激烈的国际竞争中脱颖而出，除了拥有卓越的产品，还需构建一套高效、完善的海外技术服务体系。

R 公司作为国家级专精特新重点"小巨人"企业，产品和解决方案已销往全球 100 多个国家和地区，服务了大量国内外通信、工业、制造行业头部客户，得到了客户的广泛认可。面对不同国家和地区的客户需求，不同行业的特性，海外技术服务体系如何提供稳定的保障？以下是 R 公司的实践经验。

1. 洞察行业特点与客户需求

在服务海外客户时，根据行业的不同，其服务需求也有着一定的差异化，因此，首先需要对行业特点和客户需求有深入洞察。以 R 公司面对的客户为例，通信行业客户追求网络的连通性、可靠性和稳定性，要求快速响应、7×24 小时的响应保障，需要支持大规模用户群体。而工业行业则更侧重于定制化需求、复杂性技术的解决，以及及时的维护和保养，需要快速、专业、可靠的技术服务和技术支持，以确保系统持续运行并减少故障或中断时间。金融业客户特别看重数据的安全性以及系统的可靠性和高性能，而能源与公用事业行业的客户则强调网络安全性及网络恢复能力，需要及时支持他们防范黑客攻击和保障设备网络在恶劣环境下稳定运行。除此之外，海外客户与国内客户在技术服务需求上也存在差异。时区、文化背景、语言和商业模式的不同都要求技术服务团队做出相应的调整。

2. 构建专业的海外服务团队

为了让品牌在海外市场立足、扩张，出海企业需要基于语言、文化、地域的差异化，打造一支高效、专业的海外技术服务团队，尤其是技术支持工程师，更需要具备强大的技术问题分析判断能力及解决问题的快速反应能力。

以 R 公司海外技术服务团队为例，其成员多来自通信工程、电子信息、商务英语等相关专业，每个人负责不同区域的客户服务，包括欧洲、大洋洲、北美洲、南美洲、东南亚、中东、非洲等地区，覆盖全球。在工作中，海外技术服务团队实际扮演了"医师"的角色，负责客户需求分析及疑难杂症的处理。

在团队管理过程中，需要贯彻"以客户为中心"的服务理念。只有全团队成员将理念根植于内心，才能体现在日常与客户的沟通、问题处理中。例如，R 公司"连夜赴日本，飞的送标签"的客户保障案例就一直为海外服务团队成员津津乐道。

3. 建立高效的海外服务工作机制

海外技术服务团队在工作模式、流程等方面，与服务国内客户相比有着一定共性，也有着一定的差异，为保障海外支持服务质量、发挥团队最大效能，需要注意以下几点。

（1）设定响应等级机制：对服务请求进行优先级定义，并为不同优先级的问题提供相应的响应保障和解决方案，以保证客户满意度的最大化。

（2）构建高效的团队协作模式：可以建立问题跟踪系统，确保客户报告的问题得到记录和追踪，以及便于团队成员之间进行协作和共享信息；在团队成员分布于不同的时区的情况下，制定工作时间覆盖策略，确保在不同时区均有服务人员提供支持和响应。

（3）通过技术对服务团队给予助力：使用远程协作工具让团队成员可以跨越时空限制与客户进行实时交流和讨论；远程访问和支持工具使技术人员可以远程连接到客户计算机提供支持和进行故障排除；而通过建立知识库和自助服务体系，能为客户提供自主解决问题的途径。

正是通过不断的实践和探索，R公司构建了一套专业、高效、值得信赖的海外技术服务体系。2023年，R公司海外技术支持团队为全球范围内的数千家代理商和客户提供了数十次的技术培训，获得了海量的满分好评和表扬信函。

第四节
进入方式：多样选择，谨慎决策

我们在做完目标市场分析后，下一步就是选择哪种市场进入方式。回顾中国改革开放数十年来，中国企业出海有以下几种方式。

传统外贸模式：优势与局限并存

传统外贸模式：早期依靠国营外贸公司，这些公司通过参加国际展会、获取驻外经济需求信息等方式，将国内企业产品销往海外。随着互联网的发展，阿里巴巴等平台兴起，企业在平台上注册并投入资金获取排名和询盘，外贸人员承接询盘后转化为订单。这种模式下的外贸人员多为外语或外贸专业毕业，主要负责与客户沟通和简单的产品推荐，技术支持和售后等环节则需转交给其他部门。例如，一些小型制造企业将产品信息发布在阿里巴巴国际站，通过平台获得海外客户的咨询和订单。

1. 优点

（1）渠道稳定：在早期，国营外贸公司依靠国家支持，与海外建立了相对稳定的贸易渠道。例如，它们能够通过参加当地展会、获取驻外经济需求信息等方式，持续地将国内产品推向国际市场，这种稳定性为企业提供了一定的市场保障。

（2）信息整合优势：外贸公司汇聚了大量的海外市场需求信息，并拥有一批外语人才进行对接和处理。他们能够在计划经济体制下，有效地将国内生产企业与海外需求进行匹配，促进了国际贸易的开展，使企业在不具备外贸能力的情况下也能实现产品出口。

操作流程成熟：随着阿里巴巴等平台的兴起，传统外贸模式在平台上形成了一套成熟的操作规则。企业通过投入资金获取排名和询盘，按照平台规则进行交易，这种标准化的流程降低了企业进入外贸市场的门槛，并且在一定程度上保障了交易的规范性和可操作性。

2. 缺点

（1）信息差缩小的冲击：互联网的发展使信息传播更加便捷，传统外贸依赖的信息差逐渐被抹平。这导致外贸公司的优势减弱，市场竞争更加激烈，企业获取订单的难度增加，利润空间也受到一定程度的挤压。

（2）人才专业局限：外贸人员多为外语或外贸专业毕业，缺乏产品所在行业或技术背景。他们在面对客户的技术咨询和复杂需求时，往往无法提供深入的解决方案，只能进行简单的产品推荐和沟通，限制了业务的拓展深度和客户服务质量。

（3）售后环节薄弱：这种模式下的外贸业务侧重于销售环节，对于产品售后的技术支持和服务响应能力不足。在海外市场越来越重视售后服务的趋势下，这成为传统外贸模式的一个重要短板，可能影响客户的重复购买和品牌忠诚度。

跨境电商模式：机遇与挑战同在

跨境电商的市场进入方式主要包括以下几种。

直接入驻平台：选择知名的跨境电商平台，如亚马逊、eBay等，通过其官方网站或入驻申请页面进行注册和入驻操作。

代理商入驻：委托专业的跨境电商代理公司，帮助完成入驻手续，并提供相关的市场推广和运营服务。

自建平台：企业或个人自行搭建跨境电商平台，进行独立运营和管理。

1. 优点

（1）拓展市场：突破地域限制，将产品销售拓展到全球范围，获得更大的市场空间。

（2）降低成本：省去中间环节和实体店面的租金成本，降低销售成本。与传统贸易相比，可节省物流、仓储、人员等方面的费用。

（3）产品多样性：使消费者获得更多种类的产品选择，满足不同国家和地区的消费者需求。

（4）满足个性化需求：通过大数据分析，针对单个消费者的需求设计产品，能跟踪市场潮流。

（5）到货快：部分产品通过小包裹直接出口到国外，或先运输到国外再以小包裹方式交易，时效较快。

2. 缺点

（1）风险管理难度大：不同地区政策法规差异大，企业易因违反规定而被罚款或面临其他处罚，甚至被禁止进入当地市场。部分中小企业可能面临质量或知识产权侵权风险，影响信誉并可能面临法律诉讼。

（2）物流、关税及支付风险：跨境物流涉及海外供应商获取商品和国际物流安排，成本较高，且受海外物流费用和时限问题影响，工作量和成本增加；不同国家的关税政策和税率不同，需计算和预测各种可能的关税以保持利润率；支付方面，客户可能因电子支付不可用或不信任信用卡支付而使用其他方式，企业需减少客户欺诈风险，以确保交易的灵活性和安全性。

（3）语言和文化差异：不同国家和地区有不同的语言和文化习惯，需克服跨文化交流和沟通难题，如翻译、转化货币单位等，这将增加运营成本，还可能需要将产品或服务本地化，并使用当地语言推销产品，需定制市场营销战略。

（4）关税和税收问题：涉及不同国家之间的进口和出口，需面对各种关税和税收，包括进口关税、增值税、消费税等，可能导致商品成本上升，影响销售额。

（5）售后服务难题：相对复杂，时差、语言、物流等因素都可能影响售后服务质量。

（6）物流运输缺陷：国际物流运输成本高，存在一定瓶颈，消费者可能需等待数周甚至数月才能收到商品；运输过程中商品可能受损或丢失，导致消费者投诉和维权问题。

借船出海模式：借助外力，快速起航

借船出海模式（大客户营销）：企业作为供应商为大客户提供

产品，借助大客户的资源和渠道将产品带向海外市场。大客户会对供应商进行严格审核，包括产品质量测试、验厂以及要求完善的文档和支撑体系等。虽然这种模式下企业利润相对较薄，但能快速进入海外市场，了解市场需求和提升自身产品与服务能力。例如，一些零部件供应商通过为华为等大型企业供货，促进其产品出口到海外市场，在合作过程中不断提升自身的标准化生产水平和产品质量。

1. 优点

（1）借助大客户资源：利用大客户的渠道和影响力，将产品带向海外市场，降低市场进入难度。

（2）减少风险：相比独自开拓市场，风险相对较低。

（3）学习与成长机会：有机会学习大客户的先进经验和管理模式。

2. 缺点

（1）对大客户依赖度高：企业的发展可能受到大客户决策和市场变化的较大影响。

（2）利润可能较薄：需与大客户分享利益，自身利润空间可能受到一定挤压。

（3）需满足大客户严格要求：包括产品质量、服务水平、文档和支撑体系等方面。

本地化销售模式：深耕本地，建立信任

本地化模式有 3 个类型。

（1）出差与展会拓展：企业在国内招聘有行业背景的人员，培养后以出差形式参加海外展会或到目标市场开展业务，之后再返回国内。例如，一些科技企业会定期派员工参加德国汉诺威展会等国际知名展会，在展会上展示产品、收集名片、与潜在客户交流并发

展代理商，从而拓展海外市场。

（2）设立常驻机构与雇用当地人员：在目标国家设立常驻机构，雇用当地员工解决当地事务。如R公司在海外市场的拓展中，已经实现了较高程度的本地化，其在当地的销售团队不仅负责销售，还深入参与市场开发和客户维护，甚至发展成为区域总代，进一步拓展了下级代理商体系。

（3）成立本地公司或合资公司：包括在当地成立独立运营的公司，或与当地企业合资经营，实现财务、运营甚至制造等全方位的本地化。一些国央企在海外市场也采用这种高举高打的方式，像华为早期在海外市场的拓展中，会在各地成立办事处，派遣大量人员进行本地化运营，包括销售、技术和售后等人员，深入了解当地市场和客户需求，建立本地的客户关系和销售网络。

1. 优点

（1）建立高信任度：更容易建立企业与消费者的信任度，提升品牌的形象和信誉。

（2）弥补物流短板：同城快递时效性更强，物流成本降低，客户体验度更好。

（3）了解和满足消费者需求：因为员工是本地人，所以了解和分析本地消费者需求相对容易，能提供针对性服务。

（4）售后服务时效性强：物流成本降低，问题可当面解决，时效性更强。

2. 缺点

（1）成本和资源投入高：需要投入较多人力、物力和财力来实现本地化，如设立常驻机构、雇用当地人员、调整产品和营销策略等。

（2）管理和协调挑战大：涉及多个地区的本地化工作，需要良好的管理和协调能力，以确保策略的一致性和效果。

（3）文化敏感性风险：可能因对当地文化的误解或不当处理而引发负面影响。

（4）市场变化应对难度大：本地化策略需要根据市场变化进行调整，增加了应对的复杂性。

海外并购模式：快速扩张的机遇与风险

海外并购是指中国企业通过购买海外目标企业的股权或资产，从而获得对该企业的控制权或重要影响力，以此进入海外市场的一种方式。

在企业战略方面，海外并购能够助力企业快速获取海外市场份额与资源。比如，企业可以利用被并购企业已有的成熟销售渠道、客户群体和品牌知名度，迅速在目标市场站稳脚跟。例如，联想收购 IBM 的个人电脑业务后，借助 IBM 的品牌影响力和全球销售网络，极大地提升了自身在国际市场的地位，迅速扩大了海外市场份额，实现了规模的快速增长。

1. 优点

（1）快速获取资源：可迅速获得被并购企业的技术、业务、品牌等资源，快速进入海外市场。

（2）利用现有优势：借助被并购企业的市场地位、销售渠道和客户资源，加速拓展市场。

2. 缺点

（1）成本高：并购过程涉及高昂的费用，包括收购价格、整合成本等。

（2）资源和时间投入多：需要大量的人力、物力和时间来完成并购交易及后续的整合工作。

（3）整合难度大：面临文化、管理等方面的差异，整合过程可能存在诸多挑战和风险。

中小企业可考虑综合运用多种方式，如先通过跨境电商或中国员工出差海外拓展模式试水市场，再根据实际情况选择是否进行本地化销售等。同时，还需关注目标市场的政策法规、文化差异、市场需求等因素，以制定最适合自身的出海策略。需注意的是，在出海过程中，中小企业可能面临各种挑战，如文化差异、品牌建设、物流与供应链管理等问题，需不断提升自身能力，加强与各方的合作，以适应国际市场的竞争。同时，政府和相关机构也会提供一些政策支持和服务，中小企业应积极了解并利用这些资源。

3

Chapter

第三章

打造铁军：构建全球销售网络的团队秘籍

由于缺乏经验和资源，很多中小企业出海是摸着石头过河，在销售网络的组织管理上，往往会出现以下现象，从而使企业发展难以壮大。

1. 销售团队管理问题

（1）人员专业能力不匹配：海外销售团队成员的专业背景与业务需求存在较大差距。许多企业招聘的外贸人员主要是外语或外贸专业出身，对所销售的产品技术知识了解甚少，难以满足客户的深层次需求，限制了企业在海外市场的业务拓展能力。

（2）绩效考核导向单一：企业对海外销售人员的绩效考核主要以销售业绩为核心指标，忽视了其他重要方面，如市场开拓、客户维护、渠道建设等。这种单一的考核导向使得销售人员过于关注短期的订单数量和销售额，可能采取一些短视的行为，如过度压价、忽视客户需求细节、牺牲售后服务质量等，以追求业绩的快速增长，而忽视了企业的长期发展利益和品牌建设。

2. 客户关系管理薄弱

（1）客户信息私有化严重：客户资源往往掌握在个别销售人员手中，企业缺乏统一的 CRM（客户关系管理）系统。销售人员使用个人的 Excel 表记录客户信息，包括客户联系方式、采购历史、需求偏好等，这些信息没有在公司层面进行有效整合和共享。一旦销售人员离职，可能会带走大量客户资源，使企业面临客户流失的风险，同时新入职的销售人员也难以快速了解客户情况，影响客户服务的连续性和质量。

（2）服务精神与态度不佳：部分资深销售人员随着工作年限的增加，对客户的服务热情逐渐减退。他们在与客户沟通时，不再像新入职时那样积极主动、耐心细致，甚至在处理客户问题时出现推诿、拖延的情况。例如，在面对客户的售后咨询或投诉时，不能及时响应和解决问题，导致客户满意度下降，严重影响企业的品牌形象和客户忠诚度。

以上种种问题，其实在国内业务中也会出现。在本章，我会重点分享销售团队在组织管理上的经验。

第一节
架构与模型：销售团队搭建的基石

人是企业生存和发展之本。相同能力的员工，但若组织架构设置不当，绩效评估设计不当，会导致不同的业绩结果。

销售团队组织架构：清晰架构，高效运作

中小企业海外销售团队的组织架构通常有以下组成部分。

1. 高层管理者

海外销售负责人（如海外销售总监或副总）：负责制定整体海外销售战略，协调各区域和部门之间的工作，与公司高层沟通战略方向，并根据市场动态和公司目标调整销售策略。该类人员需要具备丰富的海外销售经验、市场洞察力和领导能力，能够把握国际市场趋势，做出正确的决策，引导团队朝着目标前进。例如，在面对不同国家的市场变化和竞争态势时，高层管理者能够迅速制定应对方案，合理分配资源，确保团队的整体销售业绩。

2. 区域销售管理者

区域销售经理：按照地理区域划分职责，如欧洲区销售经理、

亚洲区销售经理等。他们深入了解所在区域的市场特点、客户需求和竞争环境，负责制订和执行区域销售计划，管理区域内的销售团队成员，包括招聘、培训、指导和考核。同时，与当地的代理商、经销商等合作伙伴保持密切联系，拓展和维护销售渠道，推动产品在区域内的销售和市场份额增长。例如，亚洲区销售经理需要熟悉亚洲各国的文化差异、商业习惯和政策法规，针对不同国家制定个性化的销售策略，协调区域内的资源配置，提高销售效率。

3. 一线销售团队

海外销售代表：直接与海外客户进行沟通和销售工作，包括客户拜访、需求调研、产品介绍、报价谈判和订单签订等环节。他们需要具备良好的外语沟通能力、销售技巧和产品知识，能够快速响应客户需求，解决客户问题，建立和维护良好的客户关系。例如，在与欧美客户交流时，能够用流利的英语进行专业的产品讲解和商务洽谈，准确把握客户需求并及时反馈给公司。

4. 技术支持与售后服务

（1）技术支持工程师：为海外客户提供技术咨询和解决方案，协助销售团队解决客户在产品使用过程中遇到的技术问题。在产品推广阶段，参与技术演示和培训，让客户更好地了解产品的技术优势和应用场景。在售后阶段，能够及时响应客户的技术故障报告，通过远程或现场支持的方式解决问题，确保客户对产品的正常使用。例如，当客户在安装和配置复杂的工业设备时遇到问题，技术支持工程师可以通过视频会议或现场指导的方式帮助客户解决难题。

（2）售后客服人员：负责处理客户的售后咨询、投诉和反馈，协调内部资源解决客户问题，确保客户满意。跟踪客户的售后需求，如产品维修、更换零部件等，及时反馈处理进度，收集客户对产品和服务的意见和建议，为产品改进和服务优化提供依据。例如，在收到客户的投诉后，售后客服人员能够迅速记录问题并协调技术人员和物流部门，尽快解决客户的问题，并在事后对客户进行回访，了解客户对处理结果的满意度。

各级销售人员人力模型：明确标准，精准选人

华为海外销售人员有一个职业发展路径，先做研发，然后转到产品岗位，随后转做国内销售，最后派到海外，负责海外业务。这在一定程度上体了现销售人员应该具备的基本能力，就是懂产品、懂业务。除此之外，不同层级的销售人员具体的能力和素质也有不同。

1.海外销售负责人

（1）人员模型。

① 战略规划者：作为海外销售的核心领导，他们需要站在公司整体战略高度，俯瞰全球市场，制定长期的海外销售战略蓝图。例如，根据公司产品定位和目标市场的潜力，规划在不同国家和地区的市场进入顺序、渠道布局以及品牌建设策略。

② 团队引领者：是海外销售团队的精神领袖和资源协调者，要凝聚各个区域销售团队的力量，使他们朝着共同的目标前进。例如，通过组织跨区域的销售会议和培训活动，促进团队成员之间的交流与协作。

③ 内外沟通的桥梁：在公司内部与高层管理者、研发部门、生产部门等沟通协调，确保销售策略与公司整体战略和产品供应相匹配；在公司外部与重要客户、合作伙伴、行业协会等建立良好的关系。例如，定期向公司高层汇报海外销售进展和市场动态，同时与海外大客户进行高层互访，加深合作关系。

（2）素质要求。

① 战略眼光：具备敏锐的市场洞察力，能够准确把握全球市场趋势和行业发展方向，提前布局新兴市场和潜力产品领域。例如，预见新能源产品在欧洲市场的巨大需求，提前投入资源进行市场开发。

② 领导能力：善于激励和引导团队成员，合理分配任务，根据不同成员的特点发挥其最大潜力。同时，要有果断的决策能力，在复杂多变的市场环境中迅速做出正确判断。例如，在面对激烈的市场竞争时，果断调整销售策略，加大市场推广力度。

③ 沟通协调能力：能够与不同文化背景的内部同事和外部合作伙伴进行有效的沟通。熟练掌握多种语言或具备跨语言沟通技巧，能够理解并处理好各种文化差异带来的问题。例如，在与欧美客户沟通时，能够理解并尊重他们的商业文化和价值观。

④ 抗压能力和韧性：面对国际市场的不确定性、汇率波动、贸易政策变化等诸多压力，能够保持冷静，积极应对各种挑战，确保销售目标的实现。例如，在全球经济危机期间，仍然能够带领团队稳定市场份额，寻找新的销售机会。

2. 区域销售总监

（1）人员模型。

① 区域市场专家：深入了解所负责区域的市场情况，包括当地的经济环境、消费习惯、政策法规、竞争对手等。例如，作为亚太区销售经理，要熟悉亚太各国的文化差异对产品销售的影响，以及当地竞争对手的产品特点和市场份额。

② 销售策略执行者和优化者：根据海外销售负责人制定的整体战略，结合区域市场特点，制订具体的销售策略和计划，并负责组织实施。同时，根据市场反馈及时调整和优化销售策略。例

如，在中东地区根据当地宗教节日和消费旺季调整促销活动时间和方式。

③ 团队管理者和培训师：管理区域内的销售团队，包括招聘、培训、绩效评估等工作。提升团队成员的业务能力和专业素质，打造一支高效的销售团队。例如，为新入职的销售人员提供系统的产品知识和销售技巧培训。

（2）素质要求。

① 区域市场知识：对负责区域的市场有深入的研究和了解，能够准确分析当地市场的机会和挑战。例如，清楚当地市场的渠道结构和客户需求特点，为产品销售提供针对性的建议。

② 销售管理能力：具备良好的团队管理技能，能够有效地组织、激励和监督区域销售团队。同时，要有良好的数据分析能力，通过对销售数据的分析来评估团队绩效和市场动态。例如，通过分析销售数据发现某一产品在特定区域销售不佳的原因，并采取相应措施。

③ 应变能力：能够灵活应对区域市场的变化，如当地政策调整、竞争对手新策略等。例如，当某一国家突然提高进口关税时，能够迅速调整价格策略或寻找新的渠道来降低成本。

④ 跨文化沟通能力：理解并尊重所负责区域的文化差异，能够与当地客户和合作伙伴进行良好的沟通和合作。例如，在与日本客户沟通时，注意商务礼仪和沟通方式，避免因文化冲突而影响业务。

3. 一线销售人员

（1）人员模型。

① 客户需求挖掘者：直接与海外客户接触，通过各种渠道寻找潜在客户，深入挖掘客户的需求和痛点。例如，通过参加国际展会、网络营销等方式获取客户线索，然后与客户深入沟通，了解他

们对产品功能、价格、服务等方面的具体需求。

②产品价值传递者：向客户详细介绍公司产品的特点、优势和价值，将产品与客户需求相结合，为客户提供合适的解决方案。例如，在向欧洲客户推销电子产品时，能够清晰地阐述产品的技术创新点如何满足客户对高效、环保的需求。

③订单促成者和客户关系维护者：负责与客户进行商务谈判，促成订单的签订，并在售后阶段维护良好的客户关系。例如，在与客户谈判过程中，灵活处理价格、交货期等问题，争取达成合作；在售后通过定期回访、解决客户问题等方式增强客户忠诚度。

（2）素质要求。

①外语能力和沟通技巧：熟练掌握至少一门外语，能够清晰、准确地与海外客户进行沟通。具备良好的沟通技巧，包括倾听技巧、表达能力和谈判能力。例如，能够在与南美洲客户的电话沟通中，准确理解客户需求，并有效地传达产品信息。

②产品知识和销售技巧：对公司产品有深入的了解，包括产品的技术细节、性能参数、应用场景等。同时，掌握各种销售技巧，如客户拜访技巧、需求挖掘技巧、谈判技巧等。例如，在面对客户对产品技术的疑问时，能够专业地解答，并且通过有效的销售技巧引导客户购买产品。

③客户服务意识：以客户为中心，积极主动地为客户提供优质的服务。能够及时响应客户的需求和问题，解决客户在购买和使用产品过程中的困难。例如，当客户对产品质量提出质疑时，能够迅速协调售后部门解决问题，让客户感受到公司的重视。

④抗压能力和执行力：面对销售任务的压力和复杂多变的客户需求，能够保持积极的心态，高效地执行销售任务。例如，在销售旺季能够承受高强度的工作压力，按照销售计划完成任务。

第二节
绩效与激励：激发销售团队动力的源泉

销售的核心职责是推动产品销售，为企业创造现金流。有效的销售绩效体系能显著提升销售业绩，主要体现在以下两点。

1. 激励销售人员

（1）目标与奖励挂钩：绩效体系明确销售目标与奖励的关系，如完成特定销售额或客户数量可获得相应提成或奖金。例如，销售100 台高端笔记本电脑可获得 5000 美元奖金，激励销售人员积极寻找机会。

（2）满足成就感：通过晋升和荣誉奖励，如"月度销售冠军"，满足销售人员的自我实现需求，激发其工作热情。

2. 引导销售行为

（1）聚焦重点产品和市场：通过调整提成比例，引导销售人员关注公司重点产品或市场。例如，提高新产品或新兴市场的奖励系数，促使销售人员集中精力推广。

（2）促进团队协作与提升服务质量：将团队业绩和客户满意度纳入考核，鼓励团队合作和提升服务质量。例如，客户满意度评分占绩效的 30%，促使销售人员协调资源，提供优质服务，提升客户忠诚度。

简而言之，好的绩效体系通过激励和引导，能帮助销售人员提升业绩，同时与公司战略保持一致。

销售绩效体系设计：科学考核，激励前行

销售绩效体系设计需综合考虑多方面因素，一般来说，可根据以下要点来设计。

1. 明确考核目标与指标

（1）销售额与利润目标：根据公司的整体战略和财务预算，为销售人员设定具体的销售额和利润指标，这是最直接反映销售业绩的关键指标。例如，年度销售额目标为 500 万美元，利润目标为 80 万美元，确保销售人员清楚了解自己需要达成的业务量和盈利水平，同时这些目标应分解到各个季度、月度甚至每周，以便进行阶段性的监控和评估。

（2）客户开发与维护指标：考核新客户的开发数量和质量，以及老客户的维护情况。如每月新开发 10 个优质客户，老客户的流失率控制在 5% 以内。优质客户可以根据客户的潜在订单量、行业影响力等因素来定义，通过这一指标鼓励销售人员积极拓展市场，同时注重客户关系的长期维护，因为与老客户的稳定合作往往能带来持续的业务增长和口碑传播。

（3）市场拓展成果：对于有海外市场业务的企业，考虑销售人员在新区域或新市场的开拓成效，如成功进入 2 个新的海外市场，在新市场的销售额占总销售额的 15% 以上，以此推动企业不断扩大市场覆盖范围，寻找新的业务增长点，适应市场的动态变化和竞争需求。

2. 制定评估周期与方式

（1）定期评估：采用月度、季度和年度相结合的评估周期。月度评估可以快速发现销售人员在短期内的工作问题和亮点，及时进行调整和激励；季度评估则在一定程度上平衡了短期波动和长期趋势，对销售业绩进行更全面的审视；年度评估作为最终的综合评

价，用于确定销售人员的年终奖励、晋升和职业发展规划等重要事项，确保评估结果既具有时效性又具有稳定性。

（2）多维度评估方式：除了销售数据的量化考核，还应纳入主观评估因素。例如，上级领导对销售人员的工作态度、团队协作能力、市场洞察力等方面进行评价，占总评估权重的10%左右；同时，收集客户对销售人员的服务满意度反馈，通过客户调查、客户投诉率等指标来衡量，占总权重的20%左右。这种多维度的评估方式能够更全面地反映销售人员的综合表现，避免单纯以业绩论英雄，鼓励销售人员在各个方面提升自己的能力和素质。

3. 设立激励与奖惩机制

（1）奖金与提成制度：根据销售额和利润完成情况设置具有吸引力的奖金和提成方案。例如，销售额完成率在100%～120%，提成比例为8%，或者奖金部分系数为1.2；完成率超过120%，提成比例提高到10%，或者奖金部分系数为1.5。利润部分也按照相应的梯度给予额外奖励，让销售人员能够直接从优秀的业绩中获得丰厚的经济回报，激发他们的工作积极性和竞争意识。

（2）晋升与职业发展机会：对于连续多个评估周期表现优秀的销售人员，提供晋升机会，如晋升为销售团队主管、区域销售经理等职务，让他们承担更多的管理职责和业务挑战，拓宽职业发展道路。同时，为销售人员制定个性化的职业发展规划，提供培训课程和学习资源，帮助他们提升销售技能、市场知识、领导力等方面的能力，使他们在公司内有明确的成长方向和目标，增强对公司的归属感和忠诚度。

（3）惩罚措施：对于未完成销售目标或出现严重工作失误的销售人员，制定相应的惩罚措施，如扣除部分绩效奖金、警告处分、降职等措施，以明确工作责任和要求，促使销售人员认真对待工作，努力改进不足，确保整个销售团队保持良好的工作状态和业绩水平。

值得一提的是，销售目标一定要设定合理，而且企业负责人要知道完成目标的科学路径。有些企业负责人会拍脑袋地设定销售目标，例如 A 业务今年只做了 50 万元，客单价是 50 万元，明年却定了个 3000 万元的目标，增长 60 倍。至于怎么完成？不知道。就简单地以为多找 59 个客户过来就行了。参照 SAP 等大企业销售管道模型，SQL（销售确认的销售线索）至 Opportunity（商机）的转化系数为 2.5∶1（即 2.5 个 SQL 产生 1 个 Opportunity），Opportunity（商机）至 Deal（成交）的转化系数为 2.5∶1（即 2.5 个 Opportunity 产生 1 个 Deal）。这 59 个成交客户，意味着在销售管道里，企业明年上半年至少要找到 370 条 SQL，才可能保证明年内成单。再说企业组织能支持这个目标吗？产品能力能支持这个目标吗？企业负责人可能都不知道。

当销售目标超出销售人员的实际能力范围时，他们会承受巨大的压力。这种压力可能来自对无法完成任务而受到惩罚的担忧，或者是对自身职业发展的焦虑。长期处于这种高压环境下，销售人员会逐渐失去信心，工作积极性会受到严重打击，士气低落，甚至可能导致员工离职率上升。同时为了达到不切实际的高目标，销售人员可能会采取一些短期的、不利于公司长期发展的销售行为。例如，过度推销产品，对客户做出无法兑现的承诺，或者采用价格战等不正当竞争手段。这些行为虽然可能在短期内提升一定的销售额，但会损害公司的品牌形象和客户关系。比如，销售人员为了完成高目标，向客户承诺产品具有某些实际上不存在的功能，当客户发现后，会对公司产生信任危机，影响后续的合作和口碑传播。

所以合理的销售目标是销售努力"跳一跳"就能完成的。

销售过程管理：全程把控，提升业绩

如果将一线销售人员比喻成船，那么区域销售管理和海外销售

负责人就是舵手，只有掌握好方向，在航行过程中做好把控，才能让这艘船走得更快更远。销售的过程管理分为以下几步。

1. 销售前期规划管理

（1）目标设定与分解。首先要根据公司的战略目标和市场情况，为销售团队和每个销售人员设定合理的销售目标。这些目标应该明确、可衡量、有时限，并且具有一定的挑战性。例如，年度销售目标确定后，要将其分解到季度、月度，甚至细化到每个产品类别和销售区域。如一家电子产品公司，将年度 1000 万美元的销售目标，按季度划分为每季度 250 万美元左右，再根据不同产品线（如智能手机、平板电脑等）和主要销售地区（如北美洲、欧洲、亚太地区）进一步细分，让销售人员清楚地知道自己每个阶段的重点任务。

（2）客户画像与市场分析。帮助销售人员深入了解目标客户群体的特征、需求、购买习惯和决策过程。通过市场调研和数据分析，绘制出详细的客户画像。同时，分析市场趋势、竞争对手情况，找出市场机会和威胁。例如，研究发现竞争对手在某一新兴渠道的市场份额增长迅速，就需要考虑如何调整自己的销售策略来应对。

2. 销售过程中的跟进与支持

（1）销售活动监控。建立有效的销售活动跟踪机制，了解销售人员的日常工作进展。这可以通过销售管理软件来实现，记录销售人员的客户拜访、电话销售、邮件沟通等活动的时间、内容和效果。例如，要求销售人员在每次客户拜访后，在系统中填写拜访记录，包括客户需求变化、竞争对手信息收集等内容。通过对这些数据的分析，管理者可以及时发现销售过程中的问题，如某个销售人员客户拜访频率过低或者在与客户沟通中频繁出现问题等。

（2）销售技巧培训与指导。根据销售过程中的实际情况，为销售人员提供及时的销售技巧培训和指导。例如，当发现销售人员在处理客户异议方面存在普遍问题时，组织针对性的培训课程，分享有效的异议处理方法和案例。同时，通过角色扮演、模拟销售场景等方式让销售人员在实践中提升技能。管理者还可以在日常工作中对销售人员进行一对一的指导，如陪同销售人员进行客户拜访，现场提供反馈和建议。

（3）内部沟通与协作协调。确保销售团队与公司内部其他部门（如市场部、技术部、客服部等）之间的有效沟通和协作。例如，市场部为销售部提供市场推广活动的支持，售前部为销售部提供产品技术咨询和解决方案，客服部为销售部解决客户售后问题。建立跨部门沟通会议机制，定期交流客户需求、产品问题和市场动态等信息，及时协调解决销售过程中出现的跨部门问题。如销售人员反馈客户对产品的某一功能有强烈需求，通过跨部门会议，售前部可以及时评估并安排产品功能升级计划。

3. 销售后期的评估与反馈

（1）销售绩效评估是销售管理的重要环节。根据绩效体系，定期对销售人员的业绩进行评估，指标包括销售额、利润、新客户开发数量及客户满意度等。例如，每月或每季度对销售人员进行排名分析，表彰优秀者并给予奖金、晋升机会等奖励；对业绩不佳者，分析原因并制订改进计划，帮助其提升。

（2）客户反馈意见的收集与处理同样关键。通过满意度调查、售后回访等方式，了解客户对产品和服务的意见。例如，产品交付后一周内进行电话回访，收集客户体验反馈。针对问题，及时分类处理：产品质量问题反馈至生产部改进，服务问题则对相关人员进行培训。同时，积极反馈可增强团队信心，提升工作动力。

（3）销售过程复盘与策略调整是持续优化的重要手段。定期回顾销售过程，总结成功经验与失败教训。例如，对大型项目的客户开发、需求挖掘、谈判签约等环节进行全面分析，找出优缺点。根据复盘结果，调整销售策略。例如，发现某渠道转化率低，可优化策略或重新分配资源，以提高整体销售效率。

通过评估、反馈与复盘，企业能够不断优化销售管理，提升团队能力与业绩表现。

📋 **实战案例：**

如何应对销售部老员工的挑战？

1. 案例背景

某公司销售部有一位资深员工老张，在公司工作多年，凭借其出色的业务能力和早期的市场开拓，掌握了公司约60%的重要客户资源。近期，老张因为对公司的薪酬调整政策不满，同时自认为对公司贡献巨大，开始向公司管理层发起挑战，提出不合理的薪酬提升要求，并在工作中表现出消极怠工的态度，甚至暗示可能会带走部分客户资源，这给公司的销售业务带来潜在的重大危机。

2. 应对策略

（1）深入沟通与了解需求。

公司首先安排人力资源部和销售部的负责人与老张进行深入的一对一谈话。在谈话中，以平和、理解的态度倾听老张的诉求和不满，让他有机会充分表达自己的想法和情绪。通过这次沟通，了解到老张不仅对薪酬有意见，还认为自己在公司的职业发展遇到了瓶颈，缺乏新的挑战和成就感。

（2）提出综合解决方案。

① 职业发展规划调整。根据老张的能力和经验，公司为他设计了一个新的职业发展路径，晋升他为销售团队的高级顾问，负责指导新员工的培训和市场策略的制定，同时减少他直接的销售任务压力，让他能够发挥自己的专业优势，从更高的层面为公司的销售业务做出贡献。

② 薪酬与激励机制优化。对老张的薪酬结构进行重新设计，在基本工资上给予一定幅度的提升，同时设立与公司整体销售业绩和新客户开发相关的长期激励奖金。例如，如果公司年度销售业绩增长达到一定比例，老张可以获得额外的高额奖金；每成功开发一个新的重要客户，也能获得相应的奖励。这样既满足了他对薪酬的部分要求，又将他的利益与公司的长期发展紧密绑定。

③ 客户资源合理分配与共享。逐步将老张手中的客户资源进行梳理和分配，安排一些经验丰富、能力较强的新员工与老张共同服务部分重要客户，同时建立 CRM 系统，确保客户信息在公司内部的规范管理和共享。老张负责与客户的高层保持战略沟通，新员工则负责日常的业务跟进和服务细节，通过这种方式，一方面降低了公司对老张个人客户资源的依赖，另一方面也为新员工的成长提供了机会，同时老张也能感受到自己的重要性以及自身价值依然被认可。

（3）团队建设与文化营造。

公司加强了销售团队的整体建设，组织更多的团队活动和业务培训，营造积极向上、团结协作的团队文化。邀请老张在团队培训中分享他的成功销售经验，让他在团队中获得尊重和成就感，同时也增强了团队成员之间的交流和凝聚力。通过这种方式，让老张感受到自己是团队中不可或缺的一员，而不仅仅是依靠客户资源来体现价值。

3. 实施效果

经过一段时间的实施，老张的态度逐渐发生了转变。他开始积极参与新员工的培训工作，与团队成员的合作也更加紧密，对公司的满意度明显提升。在薪酬方面，由于新的激励机制与公司整体业绩挂钩，老张为了获得更高的收入，主动利用自己的资源和经验为公司开拓新的市场和客户，公司的销售业绩也因此得到了稳定的增长，成功化解了这次"销售部老员工发起挑战"的危机，实现了公司和员工的双赢局面。

在实际应对类似情况时，每个公司都需要根据自身的业务特点、组织架构和企业文化，灵活运用这些策略，以达到妥善处理问题、维护公司稳定发展的目的。

实战案例：

如何让销售人员自觉用 CRM 系统记录客户拜访信息？

1. 案例背景

在公司的日常运营中，销售团队负责开拓客户和获取订单，但之前对于客户拜访信息的记录较为随意，没有形成规范且有效的管理体系。这导致客户信息的分散和不完整，影响了公司对客户需求的准确把握以及销售流程的顺畅性。为了解决这一问题，公司决定将订单系统和出货管理系统与CRM 系统的记录进行深度挂钩，以激励销售人员自觉记录客户拜访信息，完善客户关系管理流程。

2. 具体措施

（1）系统集成与数据关联。

首先，公司的技术团队对现有的订单系统、出货管理系统和 CRM 系统进行了集成开发，实现了数据的实时共享和交互。在 CRM 系统中，为每个客户创建了独立的档案页面，其中专门设置了"客户拜访记录"模块，销售人员在拜访客户后，需要详细记录拜访时间、地点、参与人员、客户需求、反馈意见等关键信息。

当销售人员在 CRM 系统中成功录入一次客户拜访信息后，该信息会自动与对应的客户档案关联，并在订单系统和出货管理系统中生成一个待办事项提醒，提示相关部门（如生产部、物流部）关注该客户的潜在订单需求和特殊要求（如果在拜访中提及）。

（2）订单生成与 CRM 系统的记录进行验证。

订单系统中，设置了严格的订单生成流程。当销售人员提交一份新的订单时，系统会自动检查 CRM 系统中该客户的拜访记录。如果发现近期（如过去一个月内）没有相关的拜访记录，或者拜访记录中缺少关键信息（如客户明确的采购意向、产品规格要求等），则订单提交会被暂时拦截，并弹出提示框，要求销售人员补充完善 CRM 系统中的客户拜访信息后才能继续提交订单。

这样的设计使得销售人员明白，只有通过认真记录客户拜访情况，才能顺利推进订单的生成，从而促使他们在每次拜访客户后，都及时、准确地将信息录入 CRM 系统，以便在需要时能够快速生成订单，满足客户需求，同时也为公司的生产和出货安排提供有力的依据。

（3）出货优先级与 CRM 系统的信息关联。

在出货管理方面，根据 CRM 系统中的客户拜访信息来确定出货的优先级。对于那些在拜访记录中显示有紧急需求、重要项目合作或者是长期稳定且高价值客户的订单，出货管理系统会自动标记为高优先级，并优先安排物流资源进行发货。相反，如果在 CRM 系统的记录中发现某个客户近期对公司产品或服务存在较多不满或投诉，且未得到有效解决，出货部会暂停发货，并及时通知销售团队和相关部门与客户进行沟通，解决问题后再安排出货。通过这种方式，让销售人员意识到 CRM 系统记录的完整性和准确性将直接影响到客户订单的出货进度和服务质量，进而增强他们对 CRM 系统记录的重视程度和自觉性。

（4）绩效评估与数据统计。

将销售人员对 CRM 系统的使用情况纳入绩效评估体系。每月对销售人员的 CRM 系统记录完整性、准确性和及时性进行统计分析，例如，统计每个销售人员每月的客户拜访记录数量、记录内容的详细程度（是否包含关键业务信息）以及与订单生成和出货管理的有效关联次数等指标。

根据这些统计数据，对销售人员进行绩效打分，并在月度销售会议上公布 CRM 系统使用绩效排名。对于 CRM 系统使用绩效优秀的销售人员，给予一定的奖励，如奖金、荣誉证书或者额外的休假天数；而对于绩效较差的销售人员，则进行一对一的辅导和培训，帮助他们改进 CRM 系统的使用方法，提高记录质量。通过这种绩效激励机制，在销售团队中形成了一种积极使用 CRM 系统的竞争氛围，进一步推动销售人员自觉地记录客户拜访信息。

3. 实施效果

经过一段时间的推行和实施，公司成功地将订单系统及出货管理系统与 CRM 系统的记录紧密挂钩，取得了显著的效果。销售人员逐渐养成了每次拜访客户后及时、准确记录信息的良好习惯，CRM 系统中的客户信息变得更加完整、详细和准确，为公司的销售决策、生产安排和客户服务提供了有力的数据支持。

同时，由于订单生成和出货管理的效率得到了提高，客户满意度也大幅提升。公司能够更快速地响应客户需求，及时解决客户问题，增强了与客户的合作关系，从而促进了销售业绩的稳步增长。此外，通过对 CRM 系统数据的深入分析，公司还发现了一些潜在的市场机会和客户需求趋势，为产品研发和市场拓展提供了有价值的参考依据，进一步提升了公司的整体竞争力。

总之，通过将订单系统及出货管理系统与 CRM 系统的记录挂钩，并建立相应的制度和激励机制，有效地解决了销售人员不愿自觉使用 CRM 系统记录客户拜访信息的问题，实现了公司销售管理流程的优化和协同发展，为公司的持续发展奠定了坚实的基础。

Chapter 4

第四章

实战策略：销售技巧与客户需求洞察

第二章和第三章的内容讲的都是中小企业如何布局全球市场的内容，那么出海后，如何守住江山，同样很关键。

第一节
海外渠道管理：代理商的关键作用与管理策略

代理商的多重角色：市场开拓的得力伙伴

中小企业要快速在海外市场站稳脚跟，代理商扮演着多面且关键的角色，其作用贯穿于企业海外市场拓展的各个环节，对企业的成败有着重要影响。

1. 市场开拓者

代理商凭借对当地市场的熟悉，能够快速打开中小企业产品的销路。他们了解当地的行业格局、客户需求偏好、竞争态势以及政策法规环境等，能精准定位潜在客户群体，并利用自身的本土资源和渠道网络，将产品高效地推向市场。例如，在波兰市场，一些代理商在当地深耕多年，拥有广泛的客户关系和销售渠道，能够帮助中小企业迅速切入当地市场，提升产品的知名度和市场占有率，节省企业自行摸索市场的时间和成本。

2. 本地化服务者

负责提供本地化服务是代理商的重要职能之一。这包括从产品的进口清关、仓储物流，到客户的技术支持、使用培训，再到售后的产品维修、换货等一系列服务。在不同国家和地区，客户对产品的使用习惯、技术标准和售后期望存在差异，代理商能够根据当地实际情况，对中小企业的产品进行本地化适配和服务优化。例如，在欧美等对产品质量和售后要求较高的市场，代理商可以及时响应客户需求，提供专业的技术支持和快速的维修服务，增强客户对产品的信任度和满意度，弥补中小企业在海外服务能力不足的短板，提升产品的市场竞争力。

3. 品牌推广者

代理商作为企业在当地的代表，在品牌推广方面发挥着积极作用。他们通过自身的市场活动、客户关系维护以及口碑传播，提升中小企业品牌在当地的影响力。优秀的代理商能够积极参与当地行业展会、研讨会等活动，展示代理产品的优势和特色；同时，利用与当地客户的紧密合作关系，通过客户的口碑推荐，吸引更多潜在客户关注品牌。例如，在一些新兴市场，代理商的积极推广能够帮助中小企业品牌迅速获得当地客户的认可，打破市场壁垒，树立良好的品牌形象，为企业在当地的长期发展奠定基础。

4. 信息反馈者

在中小企业与海外市场之间，代理商充当着重要的信息桥梁。他们能够将当地市场的动态变化、客户的最新需求、竞争对手的策略调整等信息及时反馈给企业。这有助于企业及时调整产品策略、优化市场定位、改进服务质量，以更好地适应海外市场的变化。比如在技术迭代迅速的行业，代理商反馈的客户对产品功能升级的需求，能够促使企业加快研发进程，推出更符合市场需求的产品，保持企业在海外市场的竞争力。

5. 风险缓冲者

在海外市场复杂多变的环境下，代理商能够为中小企业分担一定的风险。在面对贸易政策变动、汇率波动、市场需求突然变化等不确定性因素时，代理商可以凭借自身的本地经验和资源，采取灵活的应对措施，降低企业的损失。例如，在贸易保护主义抬头的情况下，代理商可以协助企业调整产品进口方式、寻找本地替代原材料或零部件供应商，缓解政策风险对企业的冲击，保障企业海外业务的相对稳定。

然而，有些渠道管理怪象却深刻影响着企业的海外拓展进程与成效。

渠道管理怪象剖析：问题背后的根源

1. 渠道拓展停滞

部分中小企业在海外市场取得一定份额后，在某些国家，便陷入渠道开拓的僵局，例如，仅依赖单一代理商，未积极探寻新渠道。这或许是由于对现有业绩的满足，或是人力、精力有限，未深入调研市场潜力，也可能是销售人员的惰性使然，缺乏进取精神去挖掘更多销售途径，致使市场覆盖受限，难以实现业务的深度渗透与广度拓展。

2. 定价与返利政策不合理

渠道定价体系简单且缺乏灵活性，没有根据不同市场、不同客户群体制定差异化价格策略。同时，很多中小企业没有设置有效的返利机制，无法激励代理商积极推广产品。例如，一些企业采用固定价格直接销售产品，代理商在销售过程中没有获得额外的利润激励，导致其推广积极性不高，影响产品在海外市场的铺货和销售速度。

3. 渠道政策盲目

在渠道政策制定上，许多中小企业缺乏审慎考量。一线销售人员常因业绩压力轻易授予总代或独代权，未全面评估代理商能力、市场规模及长远发展潜力。例如，在某些区域，初期代理商虽能完成一定销售额，但随着市场发展，因其自身局限无法满足市场增长需求，而企业受限于代理协议，难以灵活调整策略，错失市场扩张良机，甚至可能因代理商问题导致市场份额下滑，品牌发展受阻。

4. 渠道与企业脱节

部分中小企业的渠道商在发展过程中逐渐偏离企业预期。某些代理商从单纯的产品销售转向项目交付或自主研发，企业却未能及时察觉并调整合作策略。例如，一些原本代理光模块的代理商，在积累资源后涉足其他领域，与企业核心业务渐行渐远，企业若不能有效应对，可能会面临渠道失控、市场份额被侵蚀的风险，甚至在某些极端情况下被代理商"抛弃"，失去重要市场渠道的支撑。

以上几个现象，你们企业中了几个呢？

渠道管理体系设计：构建科学有效的管理体系

在全球化竞争日益激烈的商业环境下，构建科学有效的海外渠道管理体系对于企业拓展国际市场、提升品牌影响力和实现可持续发展至关重要。以下将结合实际经验，详细阐述海外渠道管理体系设计的关键要点与实施步骤。

1. 渠道布局规划

企业需深入调研目标海外市场的规模、增长潜力、消费者需求特点、竞争态势以及政策法规环境等因素。例如，分析不同国家或地区的市场饱和度、新兴市场趋势以及当地消费者对产品的特殊偏好，以此确定重点开拓区域和市场细分领域。

依循市场调研结果，综合考虑企业自身资源与战略目标，制定合理的渠道布局策略。例如，对于市场规模大且分散的区域，可采用多级代理模式，设立区域总代负责协调下级代理商；对于专业性较强、客户群体集中的市场，可发展行业专属代理商或与当地有实力的经销商建立紧密合作关系，确保产品能够精准触达目标客户群体。

2. 代理商筛选与合作

明确代理商的资质标准，包括其市场开拓能力、销售团队专业素质、行业经验、财务状况以及本地市场声誉等方面。例如，要求代理商具备一定的市场份额增长记录和成功推广同类产品的经验，确保其有能力有效推广企业产品。

通过多种渠道广泛招募潜在代理商，如参加国际行业展会、利用线上商业平台、寻求当地行业协会推荐等。在招募过程中，积极宣传企业优势与产品特色，吸引优质合作伙伴。

与选定的代理商签订详细且严谨的合作协议，明确双方权利义务。在协议中清晰界定代理区域、产品范围、价格政策、销售目标、市场推广责任、售后服务要求、保密条款以及合同期限与续约条件等关键内容，避免后续合作中可能出现的纠纷与误解。

3. 渠道激励与支持机制

设计富有吸引力的激励政策，如根据代理商的销售业绩给予不同比例的销售返利、达到特定销售目标提供额外奖励、设立年终优秀代理商奖项等，充分调动代理商的积极性与主动性，激励其全力拓展市场。

为代理商提供全方位的支持，涵盖产品培训，使其深入了解产品特性、优势与应用场景；销售培训，传授有效的销售技巧与策略；市场推广支持，包括提供宣传资料、协助策划本地营销活动、分担部分广告费用等；技术支持，确保代理商在面对客户技术问题时能及时获得企业专业团队的援助，增强代理商的市场运作能力与信心。

4. 渠道监控与评估

建立完善的销售数据监测系统，实时跟踪代理商的销售业绩、库存水平、客户反馈等关键指标，及时掌握市场动态与销售情况，以便迅速发现问题并做出针对性调整。

定期对代理商进行全面评估，依据销售业绩完成情况、市场拓展成效、客户满意度、遵守合作协议程度等维度进行量化考核。根据评估结果，对表现优秀的代理商给予表彰与奖励，对存在问题的代理商及时沟通并协助改进，对于严重违反协议或业绩长期不佳的代理商，果断采取措施，如警告、整改或终止合作关系。

5. 渠道关系维护与优化

保持与代理商的密切沟通，通过定期会议、实地走访、线上交流等方式，及时了解代理商需求与市场变化，共同探讨解决方案与发展策略，强化双方合作信任关系。

根据市场动态、企业战略调整以及代理商反馈，适时优化渠道结构与政策。例如，在市场需求增长迅速的地区，适当增加代理商数量或拓展代理区域；针对市场竞争加剧的情况，调整价格政策或强化市场推广支持力度，确保渠道体系始终保持高效运作与竞争力。

📋 实战案例：

如何应对代理商要求成为独家代理的挑战？

在全球化业务拓展进程中，某通信设备企业（以下简称"企业"）于波兰市场遭遇了波兰代理商要求成为独家代理挑战的困境，其应对策略与实践过程极具参考价值。

1. 案例背景

企业凭借一系列具有技术优势的通信产品成功进入波兰

市场，并与当地一家颇具影响力的代理商建立合作关系。在合作初期，双方携手取得了一定的市场份额，产品在波兰的部分区域和客户群体中获得了良好的口碑。然而，随着市场的逐步拓展，波兰代理商眼见企业产品的市场潜力，出于对自身利益最大化的追求，以引入竞争友商产品为由，向企业施压，强烈要求获得波兰市场的独家代理权，并期望借此掌控市场定价、渠道拓展及客户资源分配等关键环节，提升自身在合作中的主导地位与利润空间。

2. 应对策略实施

（1）市场洞察与竞品分析。

企业迅速组建专业的市场调研团队深入波兰市场。通过与当地行业机构合作、收集客户反馈以及分析市场销售数据等方式，精准把握市场规模的动态变化、不同客户群体对产品功能及价格的敏感度，以及竞争对手产品在波兰市场的占有率、技术特点与营销策略。研究发现，虽然竞争对手产品在某些功能上具有一定特色，但企业产品在整体性能、稳定性及售后服务方面具有显著优势，且在波兰市场已积累了一批忠实客户，具备坚实的市场基础。

（2）优势强化与合作愿景重塑。

企业高层亲自与波兰代理商展开多轮深度沟通。在会议中，详细展示了企业最新的研发成果，包括下一代通信设备的技术突破与创新应用，以及在全球其他市场取得的显著销售增长案例与成功品牌建设经验。同时，依据波兰市场的独特需求与发展趋势，为代理商精心绘制了未来3年的合作蓝图，明确了每年的销售目标、市场拓展方向及品牌推广计划。例如，计划在波兰重点开拓新兴的中小企业客户群体，为此将提供专门定制的产品套餐与营销支持，预计可使代理商的市场份额在现有基础上提升50%，销售利润增长40%，以此凸显合作的巨大潜力与价值，强化代理商对企业的合作信心。

（3）谈判协商与互利共赢方案构建。

在谈判桌上，企业秉持开放务实的态度，认真倾听代理商的诉求。针对独家代理问题，企业提出了创新性的区域分级合作模式。将波兰市场划分为核心城市、主要城镇及周边地区3个层级，在核心城市与代理商共同设立联合销售团队，共享销售利润与市场资源，共同拓展高端客户市场；在主要城镇给予代理商优先销售权，但要求其在一定期限内达到特定的销售业绩增长指标，否则将调整合作策略；在周边地区，企业保留自主销售与发展二级代理商的权利，以确保市场的全面覆盖与深度渗透。同时，在价格政策上，根据不同区域的市场需求与竞争状况，制定了灵活的价格梯度体系，给予代理商合理的利润空间与价格调整自主权，确保其在市场竞争中具有优势。

3. 案例成果

经过一系列策略的有效实施，企业成功化解了波兰代理商的独家代理挑战危机。代理商在新的合作模式与激励机制下，销售积极性大幅提升，在合作的第一年就实现了核心城市市场份额增长30%，主要城镇销售业绩达到预期增长指标的120%的业绩。企业在波兰市场的整体品牌知名度与美誉度显著提高，客户满意度提升至 90% 以上。通过线上线下渠道的协同发展，企业产品在波兰市场的总销售额实现了 40% 的年度增长，成功巩固并拓展了在波兰的市场地位，为企业在欧洲市场的进一步发展奠定了坚实基础，也为其他企业应对类似国际市场渠道挑战提供了宝贵的实践范例。

第二节
客户需求分析：精准把握，提供价值

美国心理学家亚伯拉罕·马斯洛在 1943 年提出需求层次理论，将人类需求从低到高分为五层：生理、安全、社交、尊重和自我实现需求。

生理需求是最基本的需求，包括食物、水、空气等维持生命的需求。若未满足，其他需求将退居次要。例如，在灾难中，人们优先寻找食物和水。

安全需求涉及人身安全、健康保障等。生理需求得到满足后，人们会追求稳定的环境，如选择安全社区或购买保险。

社交需求表现为对情感联系的渴望，如友谊和爱情。生理和安全需求得到满足后，人们追求归属感，如参与社交活动或建立亲密关系。

尊重需求包括自尊、成就感和他人认可。人们希望展现自我价值，赢得尊重，如因工作表现受赞扬或因学术成就获荣誉。

自我实现需求是最高层次，指个体追求潜能的最大化。当前四层需求得到满足后，人们便会追求理想和抱负，如艺术家追求艺术突破。

马斯洛认为，这5层需求是与生俱来的，逐层递进，激励个体行为。当一个需求被满足后，更高层次的需求将成为主导，推动人们不断进取。

尽管B端产品的决策链比C端产品更为复杂，但本质上，B端产品同样需要满足决策链上每个个体的需求。在分析客户需求时，我常听到一些销售人员提到，为了促成交易，可能需要提供物质上的利益。我也见过一些销售人员在"服务"客户方面不遗余力，甚至包括接送客户的孩子放学，但最终却未能赢得项目。我认为，这些销售人员并未真正做好客户需求分析。

客户需求分析方法：深入了解，精准定位

无论是中国市场，还是海外市场，客户需求分析方法都是相通的。

1. 深入了解客户背景信息

对客户所在的行业、企业规模、运营模式等进行全面调研。例如，如果客户是电信运营商，需了解其网络覆盖范围、用户数量、现有通信设备使用情况以及未来的网络升级计划等。通过分析这些背景信息，企业能够更好地把握客户的业务需求和痛点，为提供针对性的产品和服务奠定基础。例如，华为在面对不同国家和地区的电信运营商客户时，会详细研究当地的网络建设水平和市场竞争态势，从而为其定制合适的通信解决方案。

2. 研究客户决策链与关键人物

确定客户内部的决策流程和关键决策人物。了解他们的职责、

权力范围、决策偏好以及个人背景等信息。例如，在一些企业采购项目中，技术部门可能更关注产品的技术性能和兼容性，采购部门则更注重价格和供应稳定性，而高层领导可能会从战略层面考虑长期合作的价值。企业需要针对不同决策角色的关注点，制定相应的沟通和营销策略，争取获得各方面的支持。同时，关注关键人物的个人背景，如毕业院校、工作经历等，寻找共同话题和建立信任的切入点，提高合作的可能性。

3. 分析客户的业务目标与痛点

与客户深入沟通，明确其业务发展目标，如提高市场份额、降低运营成本、提升服务质量等。同时，挖掘客户在实现这些目标过程中遇到的问题和挑战，例如设备老化导致的网络故障频发、现有技术无法满足用户对高速数据传输的需求等。企业应将自身产品和服务的优势与客户的痛点相结合，提供切实可行的解决方案，展示产品或服务如何帮助客户实现业务目标，增加产品的吸引力和竞争力。

4. 关注客户的隐性需求与情感诉求

除了表面的业务需求，还要留意客户的隐性需求和情感诉求。有些客户可能希望与供应商建立长期稳定的合作关系，获得持续的技术支持和服务保障；有些客户可能注重企业的品牌声誉和社会形象，希望与有良好口碑的企业合作。企业在与客户交往过程中，要注重传递自身的企业价值观和品牌文化，满足客户在情感层面的需求，增强客户对企业的认同感和忠诚度。例如，通过展示企业的研发实力、环保举措和社会责任履行情况等，提升企业在客户心目中的形象，促进合作的深入开展。

5. 持续跟踪与反馈收集

客户需求不是一成不变的，企业需要建立持续跟踪机制，定期与客户沟通，了解其需求的动态变化。同时，重视客户对产品和服务的反馈信息，无论是正面的评价还是负面的投诉，都应进行深入分析和总结，从中发现潜在的需求改进点和市场机会。将客户反馈及时传递给研发、生产和售后服务等相关部门，推动产品和服务的持续优化，保持企业在市场中的竞争力，更好地满足客户不断变化的需求。

根据需求提供价值：满足需求，赢得客户

我们在做 B 端产品的销售时，不只是在销售产品，还在传递价值。

在海外市场拓展中，华为的"三板斧"案例为企业如何根据客户不同需求提供价值提供了宝贵经验。

（1）总部参观举措。对于一些注重企业实力和技术研发能力的客户，华为通过精心安排总部参观，展示其现代化的生产及研发设施等，让客户直观感受到华为的强大实力。例如，对于一些大型电信运营商客户，他们在选择通信设备供应商时，会关注企业是否有持续创新和稳定供应的能力。华为的总部参观环节，对客户来访的每一分钟进行细致安排，包括专业的接待、详细的讲解、合理的用餐和周边参观等流程，甚至会根据客户背景安排校友参与研讨会，拉近与客户的距离。这种方式使客户深入了解华为的企业文化、技术实力和研发投入，从而增强对华为产品和服务的信任，满足了客户对供应商可靠性和技术先进性的需求，为合作奠定了坚实基础。

（2）样板点建设。针对产品实际应用效果和稳定性存疑的客户，华为不惜代价打造样板点。比如在一些新兴市场的客户，他们可能不确定华为的通信设备能否适应本地复杂的网络环境和业务需求。华为主动在当地为客户免费提供设备并进行交付、实施、割接

和调试等一系列服务，且安排专业人员驻场保障。通过实际运行的样板点，客户可以清晰地看到华为产品在实际场景中的性能表现，如网络的稳定性、数据传输速度等关键指标。同时，样板点还能作为客户间相互交流的案例，借助客户之间的信任和行业内的口碑传播，让更多潜在客户了解华为产品的优势，满足客户对产品实际效果验证和行业认可的需求，有效促进产品的推广和销售。

（3）高层拜访。这一策略则是针对客户对合作层次和长期合作关系的需求。在与重要客户合作过程中，华为建立了从总经理到区域总监等多层级与客户对应层级的紧密关系网络。对于一些对合作深度和广度有较高期望的客户，如长期合作的大型企业客户，华为通过高层之间的频繁互动，深入了解客户的战略规划和业务发展方向，及时调整自身的服务和产品策略。这种高层的深度互动不仅体现了华为对客户的重视，也有助于在合作中解决重大问题和协调资源，确保合作的顺畅进行，满足客户对合作稳定性和战略协同性的需求，巩固与客户的长期合作关系，提升客户忠诚度。

华为的"三板斧"策略通过针对不同客户的需求特点，从展示实力、验证产品到深化合作关系等多个维度为客户提供价值，在海外市场竞争中赢得了客户的认可和市场份额，这也是中小企业可借鉴的范例。

实战案例：

解决海外代理商产品滞销的策略

这是我辅导的一家中小企业案例。B电气公司在印度尼西亚市场遭遇代理商产品滞销的困境后，采取了一系列精准有效的措施来应对，并通过深入分析印度尼西亚客户需求成功推动了产品销售。

首先，B电气公司积极派遣专业人员深入印度尼西亚市场进行调研。他们与代理商紧密合作，详细了解到产品滞销的关键原因。原来，一方面，部分产品在采购时型号较新，当地销售人员对其性能和应用场景缺乏足够了解，导致在向客户推销时遇到困难；另一方面，老产品曾出现质量问题，虽已解决，但客户仍心存疑虑，影响了再次购买的意愿。

针对这些问题，B电气公司迅速行动。对于新产品，他们为印度尼西亚销售人员提供了全面且深入的培训，涵盖产品的功能特点、优势、适用场景以及与竞争对手产品的对比分析等内容。通过实际案例演示和操作指导，让销售人员能够清晰地向客户阐述产品价值。例如，在面对当地某工业企业客户时，销售人员能够准确地介绍新产品在提高生产效率、降低能耗方面的突出表现，并结合该企业的生产流程和需求痛点，展示产品的适配性，从而成功引起客户的兴趣。

在处理老产品问题上，B电气公司果断决定停止销售存在问题的老产品，并制订了合理的回收方案，消除了客户的后顾之忧。同时，他们加强了与老客户的沟通与互动，主动了解客户在使用产品过程中的体验和需求变化。通过定期回访和举办客户交流会，收集到了许多宝贵的反馈信息。比如，了解到印度尼西亚当地一些企业在电力供应稳定性方面有较高要求，且由于当地气候炎热，对电气设备的散热性能也较为关注。

基于这些深入了解的客户需求，B电气公司对产品进行了针对性的优化和改进。在后续的新品研发中，着重提升了产品的散热设计，并增加了电力稳压功能模块。在营销推广方面，他们根据印度尼西亚市场的特点和客户需求偏好，调整了宣传策略。利用当地的行业展会、线上线下广告渠道以及与当地行业协会合作等方式，加大产品宣传力度，突出产品在应对当地环境和满足客户特定需求方面的优势。

　　经过这一系列的努力，该企业成功地重新赢得了印度尼西亚客户的信任和市场份额。不仅解决了代理商产品滞销的问题，还进一步巩固了与印度尼西亚客户的合作关系，为在当地市场的长期发展奠定了坚实基础。这一案例充分展示了企业在面对海外市场困境时，通过深入分析客户需求并采取切实有效的应对措施，实现市场突破的重要性和可行性。

5 Chapter

第五章

强化引擎：市场部体系
的搭建与优化

第一节
市场部价值：企业增长的重要驱动力

市场营销，英文称为 Marketing，起源于 20 世纪初的美国，是社会经济环境发展的产物，与商品经济的发展和企业经营哲学的演变紧密相连。1905 年，美国宾夕法尼亚大学的 W. E. 克罗伊西首次开设了"产品的市场营销"课程，这标志着"市场营销"（Marketing）一词的首次使用。随后，1920 年，保罗·T. 彻林顿出版了《市场营销基础》，该书系统性地阐述了市场营销的基本理论，为市场营销学的理论体系奠定了基础。

自 20 世纪 50 年代以来，市场营销学大约每十年就会涌现出一批新的概念和观点，如市场营销组织、产品生命周期、品牌、市场细分、4P 理论、战略计划、定位、全球营销、网络营销等。这些新概念和观点的出现，不仅丰富了市场营销学的理论体系，也推动了其与实际企业管理的结合，使之成为一门与经济学、行为科学、人类学、数学等学科相结合的应用边缘管理学科。

美国市场营销协会（AMA）对市场营销的定义也反映了这一学科数十年来的发展和变化。从 1960 年的"市场营销是引导货物和劳务从生产者流向消费者或其使用者的一种企业活动"，到 1983 年的"市场营销是对思想、产品和服务进行构思、定价、促销和分销的计划和实施过程，以产生满足个人和组织目标的交换"，再到 2013 年的"市场营销是创造、传播、传递和交换对顾客、客户、合作者和整个社会有价值的市场供应物的一种活动、制度和过程"，市场营销学已经从最初的生产导向转变为社会长远利益导向，随着时代的发展不断进步和演变。

市场部，即 Marketing Department，是负责执行这些市场营销策略和活动的关键部门。通过不断学习和应用市场营销学的最新理论和实践，市场部能够有效地推动企业的发展和市场竞争力的提升。

然而，令人费解的是，尽管市场营销学作为一门重要学科，其落地执行的关键部门——市场部，在许多中小企业中却往往处于边缘地位。回想起几年前，我刚加入某工业互联网大厂担任品牌中心市场总监时，团队成员曾向我倾诉："我们品牌中心（市场部）在公司里就像乙方一样，毫无地位可言。每个部门都可以随意'使唤'我们，我们就像打杂的……"当时，市场总监一职在短短一年内更换了 4 次，品牌中心内部士气低迷，团队成员普遍感到自己的工作缺乏价值，甚至有人因看不到职业前景而申请调往其他部门。

面对这一困境，我接手后迅速采取了一系列措施：调整组织架构、招聘合适人才、提升对客户有价值的内容的输出、加大营销增长的投入力度等。在不到一年的时间里，市场部贡献的销售线索占公司总线索来源的三分之一，同时，我们也成功吸引了更多全国知名媒体对企业在工业互联网领域助力企业数字化转型的报道。这些成果不仅显著提升了品牌中心（市场部）在公司内部的地位，也让团队成员重新找到了工作的意义和价值。

市场部本质上是一个"花钱"的部门——制作产品物料需要资金，举办活动需要资金，广告投放也需要资金。然而，许多中小企业将市场部边缘化的根本原因在于其工作效果缺乏明确的衡量标准。接下来的内容将重点探讨如何在组织流程中让市场部的工作变得可见且对企业产生实际价值，从而真正发挥其应有的作用。

市场部在企业中的作用：品牌与销售的有力支撑

市场部在企业中究竟扮演着怎样的角色呢？结合第一章中所讲的企业成长的 6 个阶段来分析。

1. 创业阶段

这一阶段企业如同在充满不确定性的海洋中扬帆起航，仅需抓住市场机遇，快速推出创新产品，做好产品创新与销售工作，就能在市场中寻得立足之地。此时企业资源有限，市场部的职能往往由创始人或创始团队兼任，主要精力集中在产品开发与市场验证上，还未形成专门的市场部架构。

2. 初创阶段

产品或服务进入市场，企业开始收获初步的客户和收入。随着行业竞争环境逐渐从蓝海迈向红海，企业要想在激烈竞争中崭露头角，就需要验证市场需求，持续优化产品并提升销售效率。这时，市场部的雏形开始显现，主要负责协助产品迭代与市场推广，通过对市场信息的收集与分析，为产品优化和销售策略制定提供支持。

3. 成长阶段

企业的市场份额逐步扩大，收入和利润显著增长。在这一阶段，市场竞争愈发激烈，企业需通过有效的营销策略和品牌建设，占据消费者的心智，成为细分市场的领先品牌。市场部的重要性日益凸显，成为企业发展的关键部门，负责制定全面的品牌推广和营销策略，提升品牌知名度和市场影响力。

4. 成熟阶段

企业在市场上站稳脚跟，收入和利润趋于稳定，但也面临着维持增长的难题。此时，企业需要明确核心竞争力和发展方向，聚焦核心业务，合理配置资源，确保战略精准执行，解决组织内部的协调问题和冲突，提高组织的运作效率和执行力。市场部则需要配合企业战略调整，深入挖掘市场潜力，拓展新的市场机会，通过市场调研和数据分析，为企业战略决策提供有力支持。

5. 衰退阶段

若受到市场变化、竞争加剧等外部因素影响，企业销售和利润下滑，进入衰退阶段。此时，企业需要进行战略调整，如更新产品、重新定位市场或削减成本，寻找新的增长点，避免进一步下滑。市场部在这一阶段承担着重新探索市场需求、寻找新业务方向的重任，通过市场分析和趋势研究，为企业战略调整提供方向指引。

6. 再生阶段

企业依靠创新、重组或转型来恢复增长，这一过程伴随着重大的战略变革和文化调整。企业需要进行战略延展和二次创业，开拓新业务或市场，推动企业持续发展和员工成长。市场部在这一阶段发挥着开路先锋的作用，负责新业务市场的调研与开拓，构建新的品牌形象和市场定位，助力企业实现战略转型与重生。

从企业成长的 6 个阶段可以看出，企业在创业阶段可以没有独立的市场部，但从初创阶段起，市场部的作用就逐渐凸显，并随着企业发展变得越发重要。

销售的目的是把产品卖出去，直接提升销量；而营销的目的是通过多种方式建立和加强关系，比如让目标客户更了解品牌、吸引潜在客户、维护渠道合作伙伴，甚至影响投资人和求职者对公司的看法。销售固然重要，但它的作用有限。企业还需要通过营销在目标客户中建立影响力，让销售过程更顺畅、更可控，从而让企业的发展更稳健。营销正是实现这一目标的关键手段之一。

笔者认为，市场部在企业中的核心作用是吸引目标客户主动上门，同时为销售团队提供支持，帮助企业更好地推广产品或解决方案。简而言之，市场部是企业的增长引擎，其职能定位在于提升品牌知名度和帮助销售部获取客户。

在面向 C 端（消费者市场）和 B 端（企业市场）的企业中，市场部的运作策略有所不同。C 端产品通常没有明显的行业特征，主要满足个人日常需求，用户群体广泛且决策过程简单，通常由个人完成。因此，C 端企业的市场部更注重品牌建设，通过广告和促销活动吸引大量消费者。而 B 端产品则具有明显的行业特征，满足企业在特定工作场景下的组织需求，用户群体小而垂直，购买决策过程复杂，涉及多个决策者，需要更长时间和更多信息交流。因此，B 端企业的市场部更注重获客，通过搜索引擎优化、线下行业展会等方式获取销售线索。

本书主要探讨 B 端企业市场部的职能和具体运作方法，帮助读者理解如何有效推动企业增长。

市场部的发展历程：从边缘到核心的转变

市场部的核心职能是提升企业知名度，助力销售获客。然而在不少中小企业中，市场部却常沦为"打杂"部门。实际上，市场部的发展与企业成长阶段息息相关。下面，让我们来对照看看，贵司的市场部处于哪个阶段。

市场部的第一阶段，基本就是企业的"杂役"。主要工作是设计产品资料、制作节庆海报等。随着企业发展，投入增加，市场部进入第二阶段，在本阶段除了延续第一阶段的基础工作，还开始发布企业宣传文章，参加各类展会，进行搜索引擎投放来获取客户名单。不过，我认为市场部在第二阶段依旧没能摆脱"打杂"的处境。因为销售部往往觉得市场部提供的名单不够精准，大部分名单上的客户无法转化为有效的销售线索。

当竞争环境激烈，企业的销售动能不足，获客来源难以支撑营收目标时，市场部就迈入了第三个阶段。至此，市场部终于摆脱了"打杂"的尴尬定位。在这一阶段，市场部有了 SQL 指标。市场部输出内容的质量和数量均有提升，并且通过多样化的市场推广手段，协助销售部获取客户。

到了第四个阶段，市场部不仅关注 SQL 指标，还将目光投向成交转化。此时，市场部协同企业各个部门输出优质内容，除运用多样的市场推广手段外，还开展目标客户营销，并通过对线索的分析，为企业产品创新提供参考依据。

具体如图 5-1 所示。

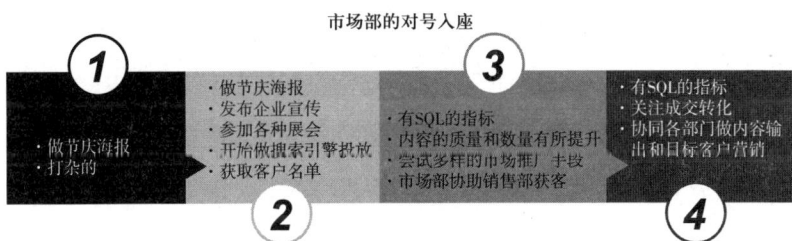

市场部的对号入座

- 做节庆海报
- 打杂的

- 做节庆海报
- 发布企业宣传
- 参加各种展会
- 开始做搜索引擎投放
- 获取客户名单

- 有SQL的指标
- 内容的质量和数量有所提升
- 尝试多样的市场推广手段
- 市场部协助销售部获客

- 有SQL的指标
- 关注成交转化
- 协同各部门做内容输出和目标客户营销

图 5-1　市场部体系搭建：市场部发展的 4 个阶段

当然，市场部的发展阶段还会受到企业目标客户类型的影响。如果企业的目标客户是政府、大型企业等关系型大客户，客单价较高，那么市场部更多扮演的是销售后盾的角色，为销售工作提供有力支持。若企业的目标客户是中小企业，客单价相对较低，那么市场部在帮助销售获客方面的作用就会更加凸显。

市场部与其他部门的协同：紧密协作，形成合力

说到市场部与其他部门的协同，必须要提到企业的 3 个重要流程，IPD、MTL 和 LTC。IPD，也就是 Integrated Product Development（集成产品开发），是一种极为先进的产品开发管理与运营模式。它始终以市场需求为导向，通过跨部门、跨领域的紧密协同合作，达成产品快速且高效的开发。IPD 开发流程通常涵盖以下几个关键阶段。

（1）概念阶段：深入开展市场调研，精准识别并清晰定义客户需求，确定产品的初步概念与规格，开展初步的技术可行性分析，全面评估项目风险与成本，进而形成初步的业务计划和项目计划，最终通过概念决策评审来判定项目是否应继续推进。

（2）计划阶段：验证概念阶段提出的假设，获得项目授权，完成从客户需求到功能需求再到技术需求的映射，组建跨部门的项目团队，明确各成员的角色和职责，制订详细的产品开发计划。

（3）开发阶段：根据产品系统结构方案进行产品详细设计，并实现系统集成，完成与新产品制造有关的制造工艺开发。

（4）验证阶段：执行为满足产品需求所做的设计更改，刻画产品特点并验证产品，发布最终的工程规格及相关文档。

（5）发布阶段：发布产品并制造足够数量的产品以满足客户在性能、功能、可靠性及成本目标方面的需求。

市场部在 IPD 流程中扮演着重要的角色。在产品开发策划前期，市场部负责收集和分析市场信息，包括客户需求、市场趋势和竞争对手动态，为产品开发提供方向和依据。在产品上市前，市场部制定产品的市场策略，包括产品上市计划、销售策略和行销宣传策划等，市场部协同产品部输出面向客户的产品宣传资料。在产品

上市后，通过对市场的分析，市场部可以帮助企业了解不同市场细分的潜力和机会，从而将有限的资源合理分配到最有价值的领域。在本书第一章的第二节"协同增效：营销体系与企业内部的协作密码"就提到了营销与研发体系的协同。

至于 MTL 和 LTD 流程，在第一章的第三节"营销体系高效运作的秘密"提到了营销体系的市场漏斗和销售漏斗。MTL，即从市场活动到线索的营销流程，MTL 流程不承载资金流和物流，它的输出物是高质量的销售线索（即 SQL）。LTC，即从线索到现金的流程，它涵盖了企业从接触客户到收到客户回款的整个流程。市场部的作用就是为客户提供有价值的销售线索。

营销体系运作漏斗如图 5-2 所示。

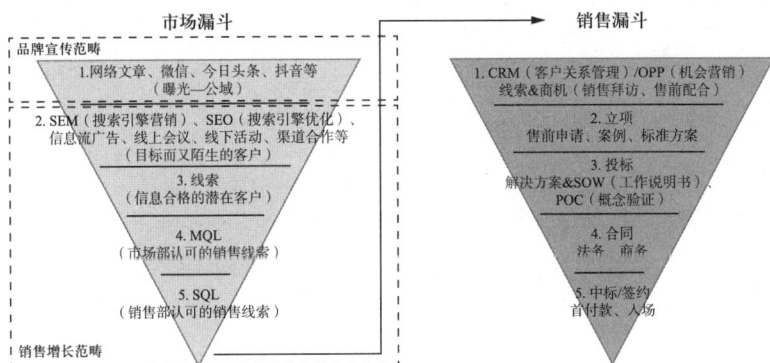

图 5-2　营销体系运作漏斗

除此之外，市场部还需要与人力资源部做好协同。笔者常常听到一些企业说招人难，没有求职者投简历。最大的原因就是企业知名度低，求职者不知道企业是做什么的，更不知道入职后的职业发展前景。市场部面向的传播对象，除了目标客户外，还有求职者。优秀且合适的人才是企业可持续性发展的基础。市场部需要对外输出企业的优势介绍的文章、协同人力资源部共同输出企业文化介绍的小故事等，来吸引求职者，使之愿意加入企业。

　　3 年前，笔者担任国家级专精特新重点"小巨人"企业 R 公司的顾问。那时，该企业在国内的知名度极低，笔者向数位工业数字化领域 KOL 以及媒体记者打听，他们竟都表示从未听说过这家企业。当时，笔者负责协助企业招聘公共关系经理，笔者所期望的人才画像为：有媒体记者从业经历，在 B 端企业从事过品牌相关工作，或者在乙方公共关系公司任职过。这一要求确实不低，果不其然，招聘过程困难重重，几乎没有合适的简历投递过来。仅有的几份简历，不仅数量稀少，应聘者还都是 C 端企业背景，完全没有媒体记者工作经验。后来笔者正式入职 R 公司，在企业传播方面狠下功夫，无论是内容的深度还是广度都有了质的飞跃。企业的实力也逐渐得到外界认可，《21 财经》《第一财经》《南方日报》《数字化企业》等知名媒体纷纷对 R 公司进行报道。当笔者再次开启公共关系经理招聘时，情况发生了翻天覆地的变化。还是同样的人才画像要求，却收到了大量求职者主动投递的简历，而且不少求职者的条件都完美契合：媒体记者出身，在 B 端企业有品牌工作经验，或在乙方公共关系企业任职过。最终，我成功地找到了合适的公共关系经理。

　　企业知名度的提升，带来的好处不止于此，员工的工作自豪感也显著增强。2023 年，一位曾在西门子全球总部工作的质量管理专家加入了 R 公司。当他和朋友谈及新公司时，朋友当即称赞这是一家不错的企业。

　　市场部与人力资源部的协同工作还包括了负面公共关系的处理。跟树大招风的大企业不同，中小企业的负面舆情多与人力资源相关，例如有员工或者求职者在知乎、百度贴吧、脉脉、看准网、牛客网这些网站吐槽企业员工管理的种种问题。市场部就需要定期做好舆情监控，一旦发现有负面舆情，就要联同人力资源部在相关帖子中做好正面引导工作。

市场部还要跟产品交付部门和客户成功部做好协同，产品交付部是负责产品在客户中的交付，客户成功部对客户的增购和复购负责，市场部需要输出面向客户的成功案例，必然需要协同这两个部门，共同输出成功案例传播稿件。

市场部是企业的"外交部"，在营销、雇主品牌和客户关系上扮演重要角色，与其他部门协作良好，沟通密切，则能发挥更大的效益。

第二节
组织架构：构建高效市场部的关键

笔者离开外企后，换了 4 家民营企业，都是中小企业。它们把我招进去的原因都是想重组市场部，希望市场部能给企业带来更多销售助力。中小企业的市场部应该怎么构建才能发挥其企业增长引擎的作用呢？

组织设计原则：量体裁衣，适配企业

一个成熟的市场部，可有以下职能：市场研究、品牌内容宣传、线下活动、数字营销、产品营销、电商等。然而，不是所有中小企业都有资源投入到市场部中，在设计市场部组织架构时首先要考虑企业销售模式以及客户对市场部产出的期待。笔者以服务过的两家中小企业为例，分享在不同中小企业重组市场部的经验。

🏮 实战案例：

车联网企业中小企业事业部市场部重构

G公司是全球知名的商用车物联网企业，连接的车辆超过200万台，员工规模达1000多人，采用事业部制管理模式。各事业部之间存在部分业务重叠，甚至相互竞争。公司总部设有品牌市场部，部分大型事业部也设有自己的市场部，且总部品牌市场部与事业部市场部为平级关系。

我负责的是中小企业事业部的市场部，这个事业部的目标客户是200台车以内的车队或物流企业老板，销售模式是地推，通过近200名销售人员覆盖全国物流园区。这些车队老板有自己的关系圈，他们平时很忙，很少有时间上网，即使上网也主要集中在微信和抖音。我入职时，公司总部对这个事业部设定了增长10倍的销售目标。事业部的总经理希望市场部能做大量的小型客户会议来获客。

我入职时，市场部仅有两人，一名平面设计师和一名多面手，后者负责输出产品资料文案、协助销售部举办客户会议等杂务。事业部虽有自己的公众号，但更新频率极低，因为企业介绍、产品宣传等内容均由公司总部的品牌市场部通过公司公众号发布。

考虑到目标客户的上网习惯，B端企业常用的搜索引擎推广方式并不适用，且内容传播由总部品牌市场部负责。因此，中小企业事业部市场部无须承担数字营销和品牌内容传播的职能，而是需要强化线下活动的拓展能力。在资源有限的情况下，我招募了两名负责线下活动的成员，分别负责南区和北区，主要职责是组织线下活动和协会外联。

对于原有的两名成员，我根据他们的优势重新分配了职责：一人负责产品营销、文案输出和市场调研，研究目标客户的社交行为习惯，并输出面向客户的产品资料和成功案例文案；另一人除了平面设计，还负责视频制作。尽管公司的公众号不归我管理，但并未禁止我们创建抖音账号。由于目标客户经常使用抖音，我们决定制作一些适合他们观看的短视频，以更好地触达这一群体。

通过以上调整，市场部不仅提升了线下活动的执行能力，还通过抖音等平台更精准地触达目标客户，为事业部的销售目标实现提供了有力支持。

实战案例：
大型上市民企孵化工业互联网企业
S 公司的市场部重构之路

S 公司是一家由大型上市民企孵化的工业互联网企业，主要面向年产值超过 1 亿元的工业企业。在我加入时，公司对市场部的主要期望是通过获客来实现 SQL 指标。然而，市场总监在一年内更换了 4 次，且市场总监向销售副总裁汇报。销售副总裁要求市场部提供销售线索，而 CEO 则希望市场部专注于品牌建设。

当时，市场部由 2 名设计师、1 名公共关系人员、1 名搜索引擎推广专员和 1 名销售开发代表（SDR）组成，这些成员分布在广州、北京和长沙 3 个城市。其中的 1 名设计师和公共关系人员的工作经验仅有 1 年，相对较为初级。此外，还有 4 名负责区域线下活动的员工，主要负责执行各地的政府展会，但由于组织架构调整，这些员工已转由各区域销售负责人管理。

基于公司的目标和对市场部的期望，我进行了以下调整：将市场部分为两个小组，即品牌内容组和营销获客组。考虑到 CEO 对品牌建设的重视，我认为公共关系是一个关键岗位，因此决定更换为经验更丰富的人选。同时，设计师人数过多，因此从 2 人精简为 1 人。在营销获客方面，我意识到不能仅仅依赖线上推广，线下活动和协会外联同样重要，因此增加了 1 名负责线下活动和协会外联的成员。

通过这些调整，市场部得以更有效地平衡品牌建设和销售线索生成的双重目标，同时优化了团队结构和资源配置。

市场部团队构建：明确分工，协同作战

一般来说，中小企业的市场部通常分为两个核心小组：品牌内容宣传组和营销获客组。

品牌内容宣传组要承担的职能是输出面向目标客户的高质量内容，用不同的表现形式（如文章、图文、图片和视频等），在合适的渠道上传播（如公司自媒体号、大众媒体、垂直行业公众号等），以吸引目标客户的关注。

营销获客组就是要把品牌内容组输出的内容二次加工成可用于

挖掘销售线索的内容（如百度推广创意和谷歌推广创意），并在合适的获客渠道（如搜索引擎营销、线下活动等）上获取潜在客户名单。此外，该小组还需对这些潜客名单进行筛选和培育，最终将其转化为销售团队认可的合格销售线索，具体如图 5-3 所示。

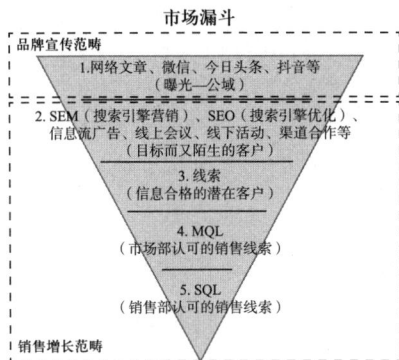

图 5-3　市场部体系搭建：市场部运作转化漏斗

这是市场部最精简的架构，涵盖了线上推广、市场调研、线下活动、SDR（销售发展代表）、媒介关系、新媒体运营和设计等职能。企业可以根据实际需求对部分职能岗位进行扩展。例如：

如果涉及海外市场推广，建议设立专职的海外内容传播岗位和海外线上推广岗位，以克服语言障碍对推广效果的影响。

如果拥有电商渠道，建议设置专职的电商渠道推广岗位。

如果市场部充分参与到 IPD 流程中，也可以设置产品营销岗位。

对于客单价较低、销售线索较多的企业，除了负责 Inbound（集客）线索的 SDR，还可以增设专职负责外拓的 BDR（Business Development Representative，业务开发代表）。

在市场部的众多职能岗位中，SDR 是最为关键的岗位之一。SDR 主要负责 Inbound 线索的跟进，即处理通过市场活动、社交媒体、内容营销等渠道产生的潜在客户线索。他们通常是第一个接触潜在客户的人，主要职责包括：对新线索进行初步筛选和成熟度评估；丰富线索画像，完善客户信息；发起正式的商务沟通邀请。

SDR 是市场漏斗和销售漏斗的重要连接点，负责将潜在客户（Lead）识别或培育为 MQL，并将其派发给销售团队。这一岗位不仅提升了市场部来源线索的质量，还显著提高了销售团队与客户沟通的效率，是市场与销售协同作战的核心环节。

最后需要特别说明的是，中小企业的资源有限，部门员工往往需要身兼数职。以我过去领导的几家公司市场部为例，数字营销岗位会同时承担市场调研的工作，SDR 也会兼顾 BDR 的职责，平面设计师可能还要负责视频制作，甚至部分员工还会兼做产品营销的相关工作。这种模式虽然对员工的综合能力提出了更高要求，但也为团队成员提供了快速成长和提升综合能力的机会。

市场部过程管理：科学管理，提升效率

在市场部的管理过程中，笔者常用的管理方式是周报＋周会＋月报的组合模式。周报的目的是了解市场部成员工作进展，并让员工关注指标达成状况。周会是对员工的工作进行指导，并让部门其他成员了解需协助的工作。月报是让员工对指标的达成路径有清晰的认知和规划，让管理层知道市场部的工作进展。

随着 95 后、00 后逐渐成为职场主力，管理方式也需要与时俱进。这一代职场新人通常没有强烈的生存压力，对企业和管理者面临的挑战可能缺乏深刻的理解，但他们对自己的感受非常敏感，也更容易选择"裸辞"。这使传统的"物质性激励"手段逐渐失效。

对于这类员工，管理者需要更加注重以下几点。

（1）赋能与支持：确保下属能够找到解决问题的方法，或者与

他们一起想办法，帮助他们克服困难。

（2）过程管理：通过细致的流程管理，确保下属拥有完成工作所需的资源和条件。

（3）提供成长空间：为他们提供学习和提升的机会，激发他们的潜力和创造力。

现代管理者需要在严格的过程管理与灵活的赋能支持之间找到平衡，既要确保目标的达成，也要为员工创造成长的空间，从而激发团队的活力和创造力。

第三节
人才发展：市场部的核心竞争力

优秀且合适的人才是企业可持续发展的基石。然而，招聘难，招聘到合适的人更难。在上文提到的市场部组织架构和过程管理的基础上，市场部的每个岗位究竟需要怎样的人才画像呢？

市场部招聘：寻找合适的人才，打造精英团队

基于重组多家中小企业市场部的经验，我认为市场部人员必须具备以下基础技能。

1. 基础技能

（1）全才而非专才：与大企业不同，中小企业资源有限，因此市场部成员需要具备补位能力。例如，负责媒介关系的公共关系人员也需要懂新媒体运营；负责线上推广的成员也要了解线下活动

的策划与执行。

（2）懂产品：所有市场部成员都必须熟悉产品。如果连产品知识都不了解，如何写出有吸引力的文章？如何做好线上推广？产品知识是内容创作和营销策略的基础。

（3）内容输出能力：内容为王，它是品牌宣传和营销获客的核心。我对市场部成员的要求是，每个人都能够撰写内容提纲，而具体内容的填充可以借助 AI 工具来完成。

（4）热爱学习：市场营销领域每隔一段时间就会涌现新的理论和观点，市场部成员必须保持学习的热情，才能与时俱进，适应行业的变化。

2. 岗位个性技能

除了基础技能，不同岗位还需要具备特定的个性技能。

（1）公共关系内容岗：除了擅长撰写文章和维护媒体关系外，还需要具备营销获客的敏锐度，能够判断哪些传播渠道最能带来高质量的流量。

（2）线上推广岗：必须具备数据分析能力，能够通过数据优化推广策略。同时，还需要具备辨别销售话语真伪的能力，以确保推广资源的有效利用。

（3）SDR 岗：SDR 相当于半个售前和半个销售，必须对产品非常熟悉，并能够引导客户逐步表达真实需求。他们的职责是将潜在客户转化为高质量的销售线索，为销售团队提供支持。

市场部的成功离不开合适的人才。无论是基础技能还是岗位个性技能，都需要与企业的实际需求相匹配。在招聘过程中，企业应重点关注候选人的补位能力、产品理解力、内容输出能力以及学习能力，同时根据不同岗位的特点，筛选具备相应个性技能的人才。只有这样，才能打造一支高效、灵活且富有创造力的市场团队，为企业可持续发展提供坚实的人才基础。

企业如何招聘合适的人才

招聘合适的人才，关键在于明确岗位职责，并据此推导出所需技能和人才画像。下面，我以公共关系传播经理一职为例，详细说明如何设定目标人才画像。

公共关系传播经理的工作职责如下。

（1）媒介管理：熟悉公共关系工作流程，有较强的媒体开发和资源管理能力。负责媒体关系的整合与维护，组织策划媒体沟通会。积极拓展新媒体资源，独立完成媒体库迭代、媒体谈判、购买、投放、评估分析等工作。

（2）内容传播：了解全媒体特点，与媒体保持有效沟通，参与内容共创；结合年度战略规划，策划公共关系传播方案，整合媒体传播渠道，形成完整的媒介策划和具体实施方案，对传播结果负责，达到传播最优化。

（3）舆情管理：善于调用优势资源，进行有效的风险预警，并结合危机舆情研判，分析建立危机公共关系解决机制，能够及时沟通处理。

从岗位职责来推导岗位技能：公共关系传播经理拥有丰富的媒体资源和人脉网络；出色的公共关系策划能力与思维；一定的危机公共关系处理经验与技巧。

综合以上分析，公共关系传播经理的理想人才画像如下。

（1）媒体记者背景：具备媒体记者经历，能够撰写深度稿件，擅长捕捉热点。

（2）公关公司经验：有公共关系公司工作经历，具备实操经验，熟悉公共关系传播的全流程。

在几家中小企业的合作中，笔者发现具有媒体记者经历的公共关系传播人员表现尤为出色。原因在于：他们本身就是媒体圈的一员，能够快速挖掘更多媒体资源；他们熟悉媒体的宣传喜好，知道什么样的内容更容易被媒体采纳和传播；他们擅长撰写高质量的稿件，能够为企业打造有影响力的传播内容。

绩效评估与激励机制：公平考核，激发潜能

招到人后，如何让员工充分发挥作用？公平公正的绩效评估与激励机制至关重要。我曾在一家国家级专精特新重点"小巨人"企业 R 公司遇到一个典型案例：SDR 既负责 Inbound（集客）线索的识别，也负责 Outbound（外拓）线索的回访。然而，这两类线索的转化周期差异很大。Inbound 线索的客户通常带着明确需求，转化时间较短；而 Outbound 线索的客户大多没有即时需求，培育和转化需要更长时间。

当时，SDR 同事向我反馈，他缺乏动力去挖掘 Outbound 线索，因为转化周期过长。而当时的激励机制对所有线索的提成采用"一刀切"的方式，没有区分 Inbound 和 Outbound。这让我意识到激励方式存在问题。于是，我调整了机制，提高了 Outbound 线索的提成比例，以此激励 SDR 更积极地挖掘和转化外拓线索。

这个案例让我深刻认识到，绩效评估与激励机制的设计需要充分考虑不同任务的特点，才能有效激发员工的积极性。

设定公平公正的绩效评估与激励机制要从市场部的目标设定说起。上文提到市场部分为品牌内容组和营销获客组。两个组的目标是不一样的。品牌建设可量化的指标有月均媒体提及量、百度指数和微信指数等月均媒体提及量。月均媒体提及量指每月全网提及品牌词的文章平均数量。百度指数是指品牌词在百度网络上的曝

光率和关注度。微信指数指基于微信大数据的移动端指数产品，能反映品牌词在微信内的热度变化。而营销获客组可量化的指标有 SQL 数量、ROI（投资回报率）和市场活动转化签单贡献。SQL 数量是销售认可的市场部线索来源。ROI 是成交金额 / 投放金额 ×100%。市场活动转化签单贡献是 SQL 最后转化的成交金额占公司所有来源的比例。

市场部考核指标如图 5-4 所示。

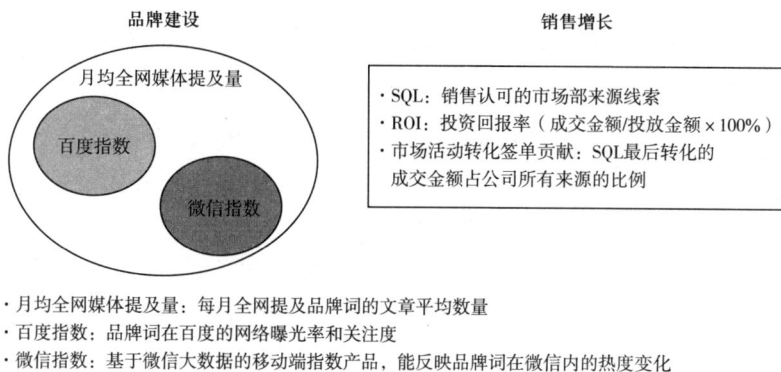

品牌建设　　　　　　　　　　　　　　**销售增长**

月均全网媒体提及量

百度指数

微信指数

· SQL：销售认可的市场部来源线索
· ROI：投资回报率（成交金额/投放金额×100%）
· 市场活动转化签单贡献：SQL最后转化的
　成交金额占公司所有来源的比例

·月均全网媒体提及量：每月全网提及品牌词的文章平均数量
·百度指数：品牌词在百度的网络曝光率和关注度
·微信指数：基于微信大数据的移动端指数产品，能反映品牌词在微信内的热度变化

图 5-4　市场部体系搭建：市场部考核指标

指标既分结果指标，也分过程指标，过程指标是指影响结果达成的因子。结果指标和过程指标都要作为考核团队成员绩效表现的依据。我以品牌建设为例，结果指标为"月均全网媒体提及量"，可通过第三方舆情监测系统获取。月均全网媒体提及量受到主动发文数量、被动提及的文章数量和内容质量的影响，内容越好，越容易被转载。结果指标"百度指数"，可上百度指数官网查询，影响百度指数的因子有被百度收录的文章或视频数量（主动发文、被提及、被转载）、内容的质量以及品牌词在百度的被搜索数量。结果指标"微信指数"可在"微信指数"小程序查到，这个数据受到公

众号推文／视频号的阅读量、内容的质量和品牌词在微信的被搜索数量所影响。市场部品牌建设考核指标如图 5-5 所示。

如何计算市场部的指标（品牌建设）

监测渠道	结果指标	过程指标（影响结果达成的因子）
第三方舆情监测系统	月均全网媒体提及量	·主动发文数量 ·被动提及的文章数量 ·内容的质量（内容越好，越容易被转载）
百度生态	百度指数	·被百度收录的文章或视频数量（主动发文、被提及、被转载） ·品牌词在百度的被探索数量 ·内容的质量（内容越好，越容易被转载）
微信生态	微信指数	·公众号推文/视频号的阅读量 ·品牌词在微信的被搜索数量 ·内容的质量（内容越好，越容易被转载）

图 5-5 市场部体系搭建：市场部品牌建设考核指标

以下是几个职能岗位结果指标和过程指标的范例，企业可根据实际情况来调整。

市场部部门目标设定及成员指标分解流程分为以下 5 步。

（1）了解管理层的期望。市场部负责人要跟管理层充分沟通，了解公司经营目标和管理层要求。

（2）设置市场部目标。市场部负责人根据管理层的期望，结合市场部过去相关数据的表现，并对标友商，来设定市场部的目标。

（3）市场部内部目标分解。分解市场部结果目标至各成员，同时各成员自行设定其过程目标。

（4）市场部内部分享。市场部成员设定其结果和过程指标后，在部门会议上分享。目的是让部门内部达成共识，同时让其他成员知道需要协作的工作。

（5）市场部目标汇报。市场部所有成员目标设置完毕，市场部负责人向管理层汇报。

市场部主要岗位指标范例如表 5-1 所示。

表 5-1　市场部主要岗位指标范例

板块	板块指标说明	目标值	百度投放广告	活动外联	Inbound SDR	Outbound SDR	内容	平面设计	视频
结果指标	部门指标	60%	SQL数量	SQL数量	SQL数量	SQL数量	SQL	百度指数	百度指数
			成交占比	成交占比	成交占比	成交占比	成交占比	微信指数	微信指数
			ROI	ROI			月均媒体提及量		
							百度指数		
							微信指数		
过程指标	影响结果指标达成的因子	40%	月均独立访客数	活动数量	接线及时率	外呼数量	服务总阅读量	服务总阅读量	视频号阅读量
			SQL单价	外联能力			知乎发布问答数量		视频号平均每条点赞量
			官网权重				行业深度稿1篇/月		抖音粉丝数
							客户案例稿1篇/月		抖音平均每条点赞量

在明确目标后，合理的激励手段同样至关重要。我曾看到一位市场人员在网络上吐槽，提到他的老板询问如何让市场部像销售部门一样成为利润中心。这篇帖子引发了大量讨论。事实上，企业各部门应分为三大中心：收入中心、成本中心和费用中心。收入中心主要对收入增长负责（该挣得挣），成本中心对成本节降负责（该省得省），费用中心考核的是费效比（该花得花）。市场部与产品部一样，都属于费用中心。费用中心的职责是对企业的长期发展进行投资。市场部的投入（如品牌活动、线上推广等）很难在短期内直接量化收益，但其核心目标是为企业创造更多的长期价值。如果过于强调短期收益考核，可能会导致市场部的动作变形，偏离长期战略目标。

一般来说，市场部都是按照关键事件来分配利益的，就是年终奖。但市场部的不同岗位，利益分配方法可能各有不同。例如营销获客职能岗位，可按实际收益来设计薪酬体系，线上推广、线下活动和 SDR 岗位可根据市场部来源线索成单金额分取少量的销售提成，以此鼓励营销获客职能岗位的成员更加努力挖掘更精准的销售线索。

🧠 深度思考：市场部绩效指标中是否需要包含成交指标？

　　许多企业中，市场部常常面临这样的质疑："市场部花了这么多预算，但最终的成交金额却不理想，市场部的价值何在？"这种质疑往往源于对市场部职责的误解。事实上，市场部的核心任务并非直接促成交易，而是通过生成高质量的线索，为销售团队提供潜在客户支持。

　　成交是 LTC 流程的一部分，这一过程受到多种因素的影响，包括产品能力、销售人员的专业水平、定价策略、商务谈判技巧以及产品交付等。因此，成交的实现需要销售部、产品部、售前部、商务部等多个部门的协同合作。

　　用一个形象的比喻来说，市场部就像是一个"媒人"，负责根据双方的需求进行匹配，但无法保证最终的结果。就像媒人介绍对象，只能尽力匹配双方的条件，但无法保证两个人一定能走进婚姻殿堂，更不用说生儿育女了。

　　接下来，我想分享两个我在前司经历的小故事，进一步说明市场部与成交之间的关系。

　　第一个故事是关于 2023 年市场部生成的 3 条 MQL 线索，这些线索都来自同一个上市集团企业，只是分属不同的分公司。显然，这个客户是一个高需求的潜在客户。然而，这些线索并没有顺利转化为 SQL。当我向相关销售人员了解原因时，得到的反馈是我们的产品能力与客户需求不匹配。后来，我通过私人关系联系到了这家企业的生态合作负责人，并与销售总经理一同拜访了客户。通过这次拜访，我们了解到，其实我们的产品解决方案是能够匹配该客户的需求的，只是之前没有厘清客户集团总部与各地分公司的决策关系。最终，经过销售总经理的多次努力，我们成功进入了该客户的供应商库。

第二个故事是关于市场部生成的一条销售线索，最终转化为成交客户。这是一家位于武汉某园区的企业，合同金额最初预计为几十万元。然而，一年过去了，实际订单金额只有几万元。后来，公司更换了一位高阶销售来对接这个客户。这位销售同事不仅对产品非常了解，还善于挖掘客户的深层需求。最终，这个客户成为了该销售的 S 级客户，订单金额也大幅提升。

通过这两个故事可以看出，市场部在生成线索和初步匹配客户需求方面发挥了重要作用，但最终的成交结果受到多种因素的影响，尤其是销售团队的执行力和客户需求的深度挖掘。市场部不应对成交结果负责，也不应背负成交指标。成交是一个复杂的、多部门协作的过程，涉及产品、销售、售前、商务等多个环节。因此，企业应当明确各部门的职责分工，确保市场部与销售部之间的高效协作，从而最大化提高线索的转化率和成交效果。

6

Chapter

第六章

塑造品牌：中小企业的
品牌建设之路

第一节
品牌营销基础：理解品牌建设的重要性

关于品牌建设，我想分享 3 个亲身经历的故事。

第一个故事发生在几年前。当时我加入深圳一家专注数据中台的初创企业，CEO 在面向投资人的规划中明确提出，企业要开展品牌建设，让产品具备品牌溢价能力。这也是当时吸引我加入的重要原因。然而仅仅一年后，CEO 却改变了想法，他对我说企业不需要做品牌了，甚至打算裁掉整个市场部，全部换成销售人员……

第二个故事发生在我担任某国家级专精特新重点"小巨人"企业顾问期间。当时我招聘了一位曾在佛山知名家电 IOT 品牌部工作的人员担任公共关系经理。她入职后告诉我，她在原公司的整个品牌部门都被优化裁撤了。由于公司业绩不佳，最先受到影响的竟然是负责品牌建设的团队……

第三个故事就发生在近期。前同事告诉我，市场部最近收到一条销售线索，客户是通过 DeepSeek 了解到企业的产品解决方案。这让我想起在前司的两年里，我一改企业从不宣传的低调作风，带领团队撰写了大量企业介绍和产品解决方案文章，并发布在企业官网、自媒体号、央媒、财经媒体、科技媒体、地方机关媒体和垂直行业媒体等多个权威平台上。通过查询 DeepSeek，我发现这些发布的内容确实被收录了，并形成了有效的品牌声量。DeepSeek 的分析结论是："品牌宣传工作非常有效，覆盖了多个高权重平台，形成了强大的品牌影响力。这些内容不仅帮助企业提升了知名度，还可能直接促成了客户的询盘。"这个故事验证了我的观点：只要长期坚持输出优质内容，是完全可以实现品效合一的。

品牌建设与营销获客的关系：相互促进，共同发展

我们还是回到在本书中高频出现的两个漏斗（见图 6-1）。

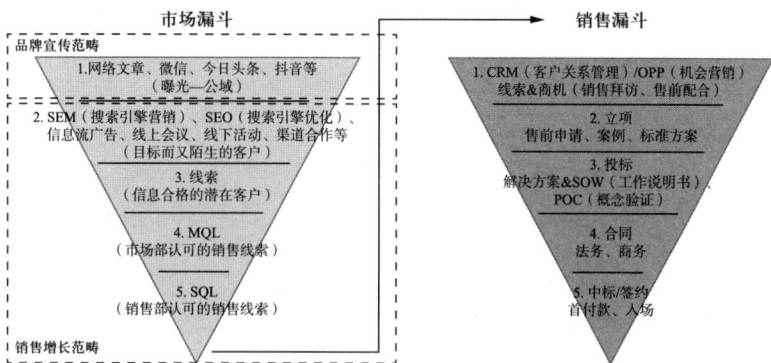

图 6-1　品牌建设：营销体系内部运作的两个漏斗

这两个漏斗，不仅展现了营销体系中 MTL、LTC 两个关键流程，还呈现了客户流量的流转过程。客户之所以会访问企业官网，了解产品或解决方案，一方面是因为自身有需求意识，另一方面则是在其他渠道知晓了企业，进而想通过官网获取更多信息。而品牌建设，其作用就在于为营销获客环节引入更多流量。

品牌建设是企业发展的根基，它是塑造品牌形象、建立品牌认知的过程，涵盖品牌定位、品牌个性、品牌价值等核心要素的打造。一个强大的品牌能够赢得消费者的信任与忠诚，这无疑是营销获客的重要前提。营销获客则是企业运营的目标之一，指的是企业借助各种营销手段，吸引潜在客户并将其转化为实际购买者的过程。营销活动需依托品牌建设的成果，凭借品牌影响力吸

引和留住客户。

品牌建设和营销获客是相互促进的。品牌建设能够提高营销获客的效率和效果。一个具有吸引力的品牌更容易吸引目标客户，提高转化率。而有效的营销获客活动可以增强品牌的知名度和影响力，进一步推动品牌建设。不过，品牌建设是一个长期的过程，需要持续投入和耐心。营销获客则更注重短期效果，要求快速响应市场变化。因此企业需要在长期品牌建设和短期营销获客之间找到平衡点。

关于品牌建设，我们需要达成以下共识。

第一，品牌建设不等于销售。若想要短时间内获客，应当招聘销售部门的人员，而非市场部人员，因为品牌建设无法在短期内提升销售业绩。

第二，品牌建设是长期投入。作为企业负责人，如果没有两三年的耐心以及后续持续投入的决心，最好不要开展品牌建设。

第三，如果企业产品缺乏核心竞争力，也不建议进行品牌建设。毕竟，没有过硬的产品支撑，品牌建设很难取得理想的效果。

品牌建设的好处：提升竞争力，赢得市场

1. 提高品牌认知度和忠诚度

通过有效的品牌建设，企业可以提高其品牌在目标市场中的知名度，使消费者更容易识别和记住品牌。一个强大的品牌可以培养消费者的信任和忠诚度，这有助于维持稳定的客户基础，并减少对价格竞争的依赖。

2. 提高产品的溢价能力

强大的品牌通常能够为其产品或服务设定更高的价格，因为消费者愿意为品牌价值支付额外的费用。为什么同样是可乐，在相当

长的一段时间内，可口可乐的定价就是要比百事可乐高？就是因为前者的品牌价值要比后者高。

3. 增强竞争优势

品牌建设有助于企业在激烈的市场竞争中脱颖而出，提供差异化的产品或服务。

4. 增强合作伙伴关系

一个强大的品牌可以吸引更多的合作伙伴，包括供应商、分销商和商业伙伴，因为它们希望与知名品牌建立联系。

5. 提高员工士气和忠诚度

一个强大的品牌可以提高员工的自豪感和归属感，从而提高员工的士气和忠诚度。

综合以上5点，加强品牌建设可以使企业更好地向目标客户介绍企业产品和解决方案，使更多客户主动联系企业，并且这些客户愿意用高一点的价格来付费；同时，企业还能吸引更多的优秀人才加入。

第二节
低成本策略：中小企业品牌建设的智慧

品牌就像个蓄水池，必须持续往里面注水，才能一直维持活力。可是，一说到品牌建设，很多人的第一反应就是这是"烧钱"的东西。没错，做品牌建设确实很"烧钱"。例如，联想赞助F1赛事、三一重工在德国Bauma展上搭建4100平方米的展位，这些都需要投入巨额资金。大企业凭借丰富的资源、庞大的规模以及稳定的资金流，能够承担更高的风险，并拥有更长的投资回报周期，因此可以持续投入营销费用，推动品牌建设。

然而，中小企业资源有限，规模和配置较低，往往缺乏足够的资金、人力和物力来支持品牌建设。那么，中小企业如何在低成本的情况下进行品牌建设呢？我认为可以从以下几个方面入手。

（1）**找准差异化优势，明确品牌定位**。首先，企业需要清晰识别自身的独特优势，并以此为基础进行品牌定位，确保在市场中具有鲜明的辨识度。

（2）**搭建品牌信息屋，持续输出优质内容**。在明确品牌定位后，企业应构建品牌信息屋的框架，并以此为依托，持续输出高质量的内容，传递品牌价值。

（3）**统一品牌形象，强化客户记忆**。在内容输出过程中，企业应在一段时间内保持统一的品牌形象、品牌口号和视觉识别系统，以增强客户对品牌的记忆和认知。

（4）**选择合适的传播渠道，扩大内容影响力**。企业应根据目标受众的特点，选择合适的传播渠道，确保优质内容能够有效触达潜在客户。

（5）**参与或主办有影响力的活动，引爆品牌力**。适度参与第三方主办的有影响力的行业活动，或自主举办大会、社交媒体活动等，借助这些机会提升品牌曝光度和影响力。

品牌元素解析：抓住关键要素，塑造品牌形象

在讲实操之前，我们对一些专业名词的概念要有基础的了解。翻开很多关于品牌建设的书籍，会看到很多专业名词：品牌愿景、品牌架构、品牌定位、品牌核心价值、品牌口号、品牌故事、品牌

形象、品牌制度、品牌计划、品牌策略……让人眼花缭乱。中小企业做品牌建设，讲究的是简单有效。我们只谈几个名词的概念，差异化优势、品牌定位、品牌信息屋、品牌口号、品牌形象和品牌视觉识别系统。

1. 差异化优势

差异化优势是指企业或品牌在市场中相对于竞争对手所具有的独特属性、特征或能力，这些因素能够使企业的产品或服务在消费者眼中显得更有价值或更吸引人（见图6-2）。

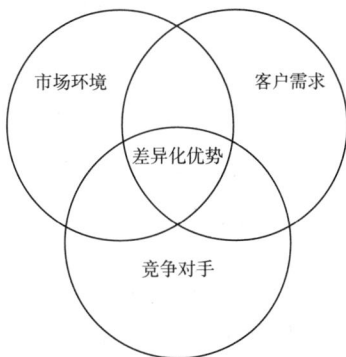

图 6-2　品牌建设：差异化优势

2. 品牌定位

品牌定位是指企业在目标市场中为品牌确定一个独特、清晰的位置，以区分于竞争对手。它涉及识别品牌的核心价值、目标受众、产品特性以及品牌在消费者心中所代表的意义。品牌定位的目的是使品牌在消费者心中占据明确的位置，从而影响消费者的购买决策。

3. 品牌信息屋

品牌信息屋是一种品牌传播策略工具，它用于制定企业全年或半年的品牌传播策略。这个工具通过构建一个稳定、一致且有力的品牌信息架构，确保品牌传播的信息不会分散或失去一致性。品牌信息屋的核心作用在于帮助企业在复杂的市场中保持品牌信息的一致性，提升品牌与消费者之间的沟通效率。

4. 品牌口号

品牌口号是一句简洁、有力的短语，用来传达品牌的核心价值、理念或承诺。它通常用于广告和营销材料中，以便于消费者记忆和传播。一个好的品牌口号能够迅速抓住消费者的注意力，并与他们建立情感联系。

5. 品牌形象

品牌形象是指消费者对品牌的整体感知和印象。它包括消费者对品牌的认知、情感和经验。品牌形象是多维度的，可以包括品牌的视觉元素、声誉、产品或服务的质量、消费者体验等。一个强大的品牌形象有助于建立消费者的信任和忠诚度。

6. 品牌视觉识别系统

品牌视觉识别系统（Brand Visual Identity System，BVIS）是品牌视觉元素的集合，包括标志、色彩、字体、图案等，它们共同构成了品牌的外在表现。这些视觉元素帮助消费者识别和记住品牌。一个一致和独特的品牌视觉识别系统可以加强品牌的识别度，使品牌在市场中更加突出。

这些元素相互关联，共同构成了品牌的识别和感知。品牌定位是基础，它决定了品牌的核心价值和市场策略；品牌口号是品牌定位的口头表达；品牌形象是品牌定位和口号在消费者心中的反映；而品牌视觉识别系统则是品牌定位和形象的视觉体现。品牌信息屋的核心作用则在于帮助企业在复杂的市场中保持品牌信息的一致性，提升品牌与消费者之间的沟通效率。在品牌建设过程中，这些元素需要协调一致，共同作用于品牌的市场表现和消费者认知。

而差异化优势和品牌定位虽然在实践中相互关联，但两者在应用上有明显区别。在战略层面上，差异化优势更多关注于企业内部能力和市场竞争，而品牌定位则侧重于外部市场和消费者心理。差异化优势聚焦于企业的独特卖点和竞争优势，品牌定位则聚焦于品牌在消费者心智中的形象和感知。差异化优势直接影响企业的市场表现和竞争地位，品牌定位则影响消费者的购买决策和品牌忠诚度。差异化优势可能随着市场变化和技术进步而变化，品牌定位则更具有长期性和稳定性，是品牌长期战略的一部分。总体来说，差异化优势是企业在竞争中获得的优势，而品牌定位是企业在消费者心中塑造的形象。两者相辅相成，共同推动企业在市场上的成功。

找到差异化优势：突出特色，脱颖而出

中小企业在品牌建设中，首先要找到自身的差异化优势。那么，如何找到这些优势呢？关键在于分析企业的核心竞争力——即企业拥有而其他企业不具备的内核。对于市场人员来说，这就像"巧妇难为无米之炊"，这里的"米"既指市场资源，也指企业的技术能力。如果一家企业的产品缺乏竞争力，背景也没有亮点，品牌建设就会变得异常困难。因此，在明确了品牌元素的基础概念后，我们需要进一步探讨如何找到差异化优势，并将其融入品牌建设中。

接下来，我们以大型上市民营企业孵化的工业互联网企业 S 公司为例，分析如何找到差异化优势。以下是 Kimi 对 S 公司差异化优势的总结。

（1）核心技术深耕：S 公司坚持自主创新，持续保持高强度的研发投入，聚焦于面向工业 4.0 的平台技术和产品研发。

（2）产业链 IIoT（工业物联网）解决方案：主要面向工业企业的产业链管理，通过数据采集和分析计算，形成数据驱动的供应链管理应用。

（3）P2P2B 业务模式：S 公司开拓跨行业、跨领域的服务能力，与行业龙头企业、产业链创新企业等生态伙伴的行业经验和应用场景相结合，助力打造多个产业链工业互联网应用。

（4）立足中国，服务全球：S公司已部署6大海外站点，帮助中国企业走出去，同时吸引国外企业入驻根云平台，积极响应"一带一路"倡议，为沿线多个国家和地区提供工业互联网服务。

（5）全球权威机构认可：S公司的实力频获全球权威机构认可，稳居工业互联网行业第一梯队。

（6）数据接入能力强：拥有自研数据采集产品，支持国内绝大多数的工业设备协议解析，有效解决企业内部"数据孤岛"问题。

（7）跨行业跨领域拓展能力：依托G云平台，赋能生态体系，逐步拓展电子、化工、冶金、采矿等行业，为制造业企业提供端到端一站式解决方案。

（8）技术创新前瞻性与执行能力突出：在产品、服务的完善程度和技术支持能力、产品交付与运营能力等方面都有长足进步。

（9）工业互联网操作系统：着力打造技术平台，为用户提供低成本、跨平台、云原生、多终端和强安全的数字化转型解决方案。

（10）设备上云与工业App开发：在设备上云、边缘计算、工业模型构建、低代码平台等方面进行了新技术突破及新产品研发。

从以上10点中，我们可以进一步筛选出S公司的核心差异化优势：技术能力、P2P2B业务模式和服务全球的能力。作为国内首家工业互联网平台企业，S公司在工业互联网平台技术能力上位居行业前列，其首创的P2P2B模式通过与行业龙头企业的合作，推动了产业链的数字化转型。此外，S公司的全球化布局也为其赢得了独特的竞争优势，尤其是在中国企业海外建厂需求增加的背景下。

至于其他几点，虽然也有其价值，但未必符合"我有而竞争对手没有"的原则。例如，"工业互联网操作系统"虽然是 S 公司的重要技术方向，但行业内类似平台众多，竞争激烈，难以形成独特的优势。而"跨行业跨领域拓展能力"虽然展示了企业的广泛服务能力，但对于特定行业客户而言，他们更看重的是专业性而非泛化能力。

基于以上分析，我带领团队围绕 S 公司的三大差异化优势，搭建了品牌信息屋，进一步明确了品牌定位和传播策略，如图 6-3 所示。

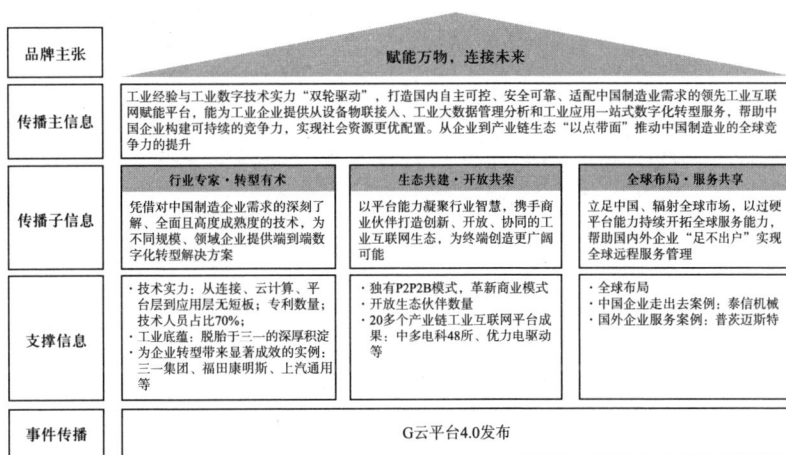

图 6-3　S 公司品牌信息屋示例

低成本品牌建设步骤：步步为营，打造品牌

看到这里，你也许会说，S 公司有大型上市民营企业的母公司的背景，其实是很容易做背靠大树的宣传。那么对于没有母公司扶持没法背靠大树的中小企业要怎么找到企业的内核来做品牌呢？下面就分享某国家级专精特新重点"小巨人"企业 R 公司的品牌建设案例。

国家级专精特新重点"小巨人"企业
低成本做品牌建设之路

第一步：找到差异化优势和定位

R公司是广州市一家生产工业路由器的企业，产品主要销往海外市场，靠100多个代理商覆盖全球100多个国家和地区，在全球有10000多个行业客户，全球连接设备终端有200多万台。同时这家企业在国内做电梯垂直产业链，为各地方政府提供特种设备应急管理平台，为电梯维保企业提供无纸化维保等。然而，两年前，这家企业在国内的知名度极低，网上几乎找不到相关的宣传文章。我询问了几位工业界的KOL和知名媒体记者，发现他们对这家企业一无所知。当时，R公司的公众号更新频率低，内容多为节庆海报，缺乏实质性的品牌传播。

作为R公司的市场营销顾问，我首先帮助其重新定位。虽然企业自称"工业物联网"企业，但我发现其业务涵盖边缘层、PaaS层和SaaS应用，更适合定位为"工业互联网"企业。这一调整不仅更符合行业趋势，也更容易引起市场关注。此外，R公司还拥有"国家级专精特新重点'小巨人'企业"的称号，以及强大的出海能力和全球设备连接数量，这些都是其独特的传播亮点。

第二步：输出品牌口号

R公司的企业愿景是"让全球设备接入数字世界"，但这更多强调的是边缘层连接能力，无法全面体现其核心竞争力。为了更贴合国内市场的需求，我为其设计了新的品牌口号："软硬件结合，更懂中小企业数字化转型需求"。

这一口号突出了 R 公司的核心优势：它不仅提供边缘连接，还拥有工业互联网平台和 SaaS 应用，能够为中小企业提供端到端的数字化转型解决方案。这种综合能力在行业内并不多见，因此成为品牌传播的重点。为了强化这一信息，我要求团队在所有对外推文末尾都附上这一品牌口号。

第三步：构建品牌信息屋

在品牌口号的基础上，我进一步为 R 公司搭建了品牌信息屋。其核心传播信息为："R 公司是生产工业物联网通信及边缘计算产品的新型制造企业，同时面向中小企业提供后市场服务工业互联网解决方案；助力机器人、医疗设备、环保设备、新能源装备、电梯及特种设备等工业设备制造企业数字化转型和自身工业互联网平台建设，推动传统制造向服务型制造转型，降本增效，提升经济效益。"

这段话成为公司官网、微信公众号和百度百科的标准介绍。为了确保这一信息得到公司内部的认可，我组织所有总监以上级别的管理层共同讨论并达成共识。

在核心信息之下，品牌信息屋还包含如下 3 个子信息。

（1）5G+AIOT 领域的隐形冠军：工业互联端到端和研发创新。"5G+"是当时比较火的词，5G+AIOT 领域的隐形冠军强调的是企业的连接能力。

（2）工业互联网端到端：强调企业为客户提供从边缘计算到工业低代码平台再到上层 SaaA 应用的一体化解决方案。

（3）研发创新：以10%以上的研发投入和"国家级专精特新重点'小巨人'企业"称号为背书，展现企业的技术实力。

某国家级专精特新重点"小巨人"企业品牌信息屋示例如图6-4所示。

品牌口号	软硬件结合，更懂中小企业数字化需求		
传播主信息	R公司是生产工业物联网通信及边缘计算产品的新型制造企业，同时面向中小企业提供后市场服务工业互联网解决方案；助力机器人、医疗设备、环保设备、新能源装备、电梯及特种设备等工业设备制造企业数字化转型和自身工业互联网平台建设，推动传统制造向服务型制造转型，降本增效，提升经济效益		
传播子信息	5G+AIoT领域的"隐形冠军" 立足中国、辐射全球市场，帮助国内外企业"足不出户"实现全球远程服务管理	工业互联网端到端 从边缘计算到自研云端低代码平台，再到面向装备制造的SLM SaaS应用，助力装备制造业向服务化方向的转型升级	研发创新 国家级专精特新重点'小巨人'企业，公司自成立以来，投入了大量的人力和财力用于研发，知识产权申请量超过数百项，并参与多项行业标准制作
支撑信息	·全球布局 ·服务国内外行业客户过万，服务大量全球500强企业 ·工业无线通信网关及路由器全球占有率5%，全球连接设备数超过200万	助力电梯后市场服务产业链转型升级， –政府市场监督部门进行有效监管 –电梯厂厂内厂外工业互联 –电梯维保工业维保运营数字化 ·助力机器人、医疗设备、环保设备、新能源装备、电梯及特种设备等工业设备制造企业数字化转型和自身工业互联网平台建设，推动制造向服务型制造转型，降本增效，提升经济效益	·核心技术：传感与控制、边缘计算、5G通信和工业低代码 ·自建5G+数字化工厂，可接受客户的个性化需求订制，而且成本更低 ·研发投入占营业收入的10%以上，知识产权申请量超过数百项
事件传播	R公司装备制造业低代码平台Robust Connect发布会（2023年4月） 2022财报、2023上半年财报		

图6-4　某国家级专精特新重点"小巨人"企业品牌信息屋示例

后续我输出的所有内容都是基于这个框架来写的。需要特别说明的是在做海外传播时，品牌信息屋的内容可以跟国内不一样，但操作步骤相同，就是基于市场情况、客户的需求和竞争对手的能力找到企业的差异化优势，找到品牌定位，输出口号和编写品牌信息屋。

第四步：协同各部门建立对外宣传口径库

为确保所有部门对外传播的信息一致，我协同政府项目申报部、人力资源部、产品部、客户服务部等多个部门，共同编写了一份几万字的对外宣传口径库。内容包括公司介绍、高管简介、产品和解决方案、企业大事记等。

这一口径库不仅用于市场部对外宣传，还被政府项目申报、销售投标等多个部门引用。通过定期更新（通常每3个月一次），确保信息的时效性和一致性。这不仅提升了传播效率，还避免了信息混乱，增强了公众对品牌的信任。

对外宣传口径库有助于规范化和制度化外宣工作，提高外宣工作的质量和效果，更好地发挥外宣工作的作用。输出协作流程是，我制定内容框架，有部分内容由市场部来编写，例如公司介绍、高管简介和公司大事记；而员工构成、产品和解决方案介绍等，则由其他部门来填充内容。对外宣传口径库初稿输出后，由董事长办公室和董事长来审核确认。审核完毕后才可以在公司内部发布。对外宣传口径库需要定期更新，补充或调整新的内容。一般来说，我3个月更新一次。

第五步：持续输出不同类型的内容

在内容输出方面，我要求团队围绕公司介绍、产品解决方案、成功案例和企业文化故事等主题，持续输出长文章、产品手册、图文和视频等多种形式的内容。这些内容的作用有两点，一是为营销获客引流，二是作为销售跟客户沟通的工具包。至于具体怎么做内容营销，我会在第七章中详细阐述。在此，还有一点需要特别提醒，那就是品牌形象与视觉识别系统（VI）的统一性。R公司的VI色是红色和灰色。谈及"科技"，大众通常会联想到蓝色，相比之下，红色在视觉表达上存在一定难度。我们团队此前就有过教训，在对外宣传的产品海报中使用了粉色。但粉色偏女性化，与 R 公司的品牌形象相悖。品牌形象，可类比为将品牌拟人化后的人物特性。若把 R 公司比作一个人，他应是一位 30 多岁、学识渊博且低调的工业男性。鉴于此，我要求设计同事在后续工作中，多运用偏男性化的灰色和白色，将红色作为点缀色。当下，不少像苹果、三星这样的大品牌，在海外宣传时采用黑白色调，这是因为它们已经拥有极高的知名度，黑白色调有助于展现产品的高端形象。然而，对于中小企业而言，选择吸睛的颜色作为 VI 色至关重要，尤其是在社交媒体传播和线下展会场景中，这能帮助我们在短时间内，让受众从众多品牌中快速识别出我们的企业。

第六步：在多样且合适的宣发渠道传播内容

在如今这个信息爆炸的时代，"酒香不怕巷子深"的传统观念在传播领域已不再适用。若想让更多人知晓我们的"酒香"，精心布局宣传渠道就显得尤为关键。自媒体矩阵是基础配置，多数企业都已涉足。在外部媒体方面，我们构建了一个金字塔式的结构。底层是新闻通稿，其作用在于广泛覆盖，为官网引流。在国内，若企业市场费用有限，新闻通稿可酌情取舍。但在海外传播时，像美国、日本和印度尼西亚等部分国家，发布新闻通稿仍能有效增加官网流量、提升知名度。金字塔的腰部是媒体的深度报道，涵盖央媒、地方官媒、财经媒体、科技媒体以及行业媒体。借助知名媒体的力量，能极大地扩大我们的影响力，毕竟他人的认可远比自夸更具说服力。起初，我邀请了三大财经媒体之一的记者老师对 R 公司董事长进行专访，并推出了一篇关于 R 公司企业介绍的文章，恰逢这位老师当时正在筹备专精特新企业专题报道。有了知名媒体的背书后，我们在向客户或其他媒体介绍 R 公司时就轻松多了，直接转发这篇文章即可，后续也更易吸引其他媒体对 R 公司的关注。金字塔的顶部是与工业类 KOL 合作，借助他们的影响力和粉丝资源，提升目标受众对 R 公司的认知度。工业界有不少见解独到的老师，比如《知识自动化》的林雪萍老师、《数字化企业》的黄培博士、《物联网智库》的彭昭老师，如能与他们合作，定能为品牌传播带来新的活力。

至于海外的传播渠道，在自媒体矩阵方面，To B 公司主要做好官网、Linkedin、Twitter、Youtube、Facebook 即可。而外部媒体依然是新闻通稿 + 重点媒体深度报道 +KOL 合作的金字塔结构。企业根据投放国家的重点和市场经费来调整。具体如图 6-5 所示。

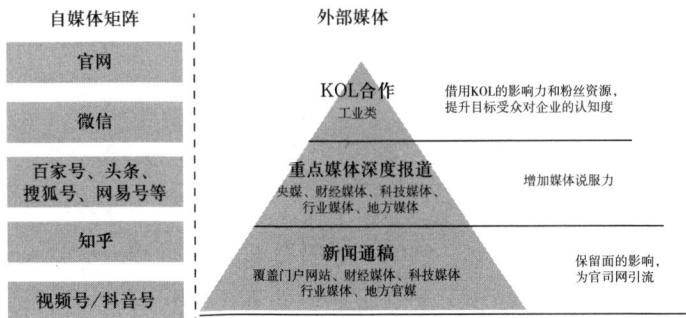

图 6-5　品牌建设：内容分发矩阵

第七步：参加第三方活动或自办大会，引爆品牌力

R 公司董事长在中小企业博览会的论坛上发表演讲，展示了企业的出海能力。我们还参与了广州市工业和信息化局主办的工业互联网展，这两场活动极具话题性，成功吸引了新华社、《中国电子报》等众多知名媒体的关注与报道。同时，我们自办了规模达 400 人的客户大会，让客户能实地感受企业的技术实力。客户大会不仅是一个交流平台，更是制造品牌话题、挖掘销售线索的重要契机。通过这些活动，我们既能提升品牌知名度，又能实现品牌宣传与销售转化的双重目标。

第三节
负面舆情处理：维护品牌形象的关键

说到品牌建设，必然提到负面舆情处理。出现负面舆情时，大公司通常要做危机公共关系，大企业有公众关注度，有话题性。例如 Manner 咖啡店员与顾客冲突事件等都是需要企业采取的一系列策略和行动，以减轻危机带来的负面影响，恢复或保护其声誉和形象。大企业树大招风，出现负面舆情就要做危机公共关系。可是中小企业没有钱没资源没人，为什么还要做负面舆情的监控和处理呢？

中小企业舆情监控的重要性：防患于未然

中小企业进行负面舆情监控和处理的重要性体现在以下几个方面。

1. 及时发现问题，防患于未然

通过舆情监控，中小企业可以及时发现潜在的问题，并在问题演变成危机之前采取措施，避免或减少对企业声誉和业务的影响。

2. 提供数据支持，优化决策

舆情监控提供的数据可以帮助企业识别自身的弱点和不足，为产品改进、服务优化以及市场战略的调整提供重要参考，从而提升企业的整体竞争力。

3. 洞察竞争对手情况

舆情监测可以帮助中小企业及时了解用户对竞争对手的反馈和评价，分析竞争对手的优势和劣势，从而调整自身战略策略，提高竞争力和市场份额。

常见负面舆情类型：识别问题，有的放矢

负面舆情是指公众对某个组织、品牌、产品或个人持有的负面看法和情绪，这些看法和情绪通常通过社交媒体、新闻报道、论坛等渠道表达和传播。根据舆情内容相关度，负面舆情一般来说可以分为以下四类。

（1）人事相关，例如高管离职、犯罪或不和，员工吐槽加班多、福利差，求职者吐槽面试官水平低等。

（2）产品服务相关，消费者在电商网店评论产品不符合预期，竞争对手攻击等

（3）公司业绩相关，如需要做信息披露的上市企业（半）年报

会提到业绩下滑。

（4）媒体相关，个别媒体对企业信息的错误报道。

在这四类负面舆情中，人事相关舆情属于内部负面舆情，是由组织内部人员的行为、言论或决策引发的负面看法。而后三类则属于外部负面舆情，由竞争对手、消费者、媒体等外部因素导致。值得注意的是，尽管外部负面舆情表现形式多样，但追根溯源，大部分负面舆情的根源其实都来自企业内部管理不善、产品服务质量问题等，这些内部问题最终通过外部渠道被放大，引发公众的负面评价。因此，企业应注重内部管理和运营优化，从源头上预防负面舆情的产生。

负面舆情处理步骤：及时应对，化解危机

1. 做好舆情监控工作

对于市场预算充足的企业，建议购买舆情监测系统，定期监控企业及竞争对手在全网发布的内容。市面上的舆情监测系统价格从几万元到十几万元不等，建议选择能够监测"楼中楼"（如知乎、百度贴吧的评论及回复）的系统。如果企业以视频传播为主，还需选择支持视频监测的系统。舆情监测数据还可用于竞争对手调研和新媒体热点追踪。对于预算有限的企业，可以通过八爪鱼爬虫工具，或在知乎、脉脉、看准网、牛客网、百度贴吧等平台进行人工搜索。

2. 针对不同舆情内容采取应对措施

（1）高管变动引发的负面舆情。

此类舆情的首要应对对象是投资人，而非大众客户。企业需第一时间向投资人说明高管变动不会影响经营，稳定投资人的信心。之后才是应对大众客户。例如，我曾服务的一家企业因技术带头人

离职引发舆情，接任者知名度较低，导致多篇负面文章出现在百度网首页。由于百度网首页通常展示高热度或历史文章，新发布的负面文章突然出现显然异常。我建议 CEO 采取两项措施：一是安抚投资人，二是通过知名科技媒体对接任高管进行专访，正式介绍其专业背景，化解外界的疑虑。

（2）员工吐槽加班多、福利差或求职者吐槽面试官水平低。

这类舆情较为常见，处理核心是正面引导，切忌删帖。可在负面帖子下发布正面评论，或另起新帖发布正面内容，并通过技术优化让正面评论或新帖占据百度网首页或前几条内容。

（3）产品服务相关的电商网站评论。

处理方法与第（2）类类似，以正面引导为主。但如果客户反映的问题属实，需及时反馈至产品研发部门，推动产品改进。

（4）上市公司业绩下滑的负面舆情。

应对策略是增加正面内容的发布，并通过自然搜索优化技术，将正面内容推至百度网前五页，同时将负面内容压制到第六页之后。

（5）个别媒体的错误报道。

此类情况可私下联系相关媒体，请求修改错误信息。未来在媒体发布文章前，企业应加强审核。若遇到恶意抹黑的媒体，则需采取其他应对措施。

通过以上步骤，企业可以有效应对各类负面舆情，维护品牌形象和公众信任。

Chapter

7

第七章

营销获客：获取销售线索的实战方法

说到营销获客，许多 B 端企业第一反应可能是参加展会，或者在百度和 Google 上投放搜索引擎广告（SEM）。然而，展会上背板设计如何吸引受众的眼球，展区内的解决方案如何陈列，面对客户时又如何介绍？在 SEM 广告投放中，关键词该如何选择？广告创意又该如何撰写？再比如，如果要举办一场海外代理商大会，会议内容该如何设计，才能让代理商清晰了解企业的目标与愿景，并增强他们的合作信心？

其实，这些问题的核心都离不开一个关键要素——内容。虽然大家都在关注营销获客，但成功的关键在于创作出优质的内容，并通过合适的渠道触达目标客户，最终实现线索转化。可以说，"内容为王"这句话毫不夸张。

尽管在笔者的市场部组织架构设计中，品牌和内容被归为同一组，但内容产出能力是市场部每个人都应掌握的基本技能，甚至营销获客组的成员也需要具备撰写内容的能力。经过多次实践验证，笔者发现，只要内容足够优质，并选择适当的传播渠道，即使不依赖 SEM 或线下活动，也能直接产生销售线索。因此，在此笔者将内容营销与营销获客结合起来，为大家详细解析如何通过内容驱动获客增长。

第一节
内容为王：内容营销的核心地位

内容营销、品牌建设和营销获客，三者缺一不可

市场部的核心职能可以归纳为两点：品牌建设和营销获客。只有将品牌效应与营销效果有机结合，市场部的投资回报率（ROI）才能实现最大化，而这两者的共同基础正是内容营销。内容营销、品牌建设和营销获客三者之间并非孤立存在，而是相互依存、相互促进的关系。以下从几个方面解析它们之间的关系。

1. 内容营销与品牌建设

内容营销通过故事化的内容帮助品牌传播其价值观、使命和愿景，这是品牌建设的核心环节。高质量的内容不仅能够塑造品牌的正面形象，还能增强品牌的吸引力和辨识度。通过持续输出有价值的内容，品牌可以与消费者建立更深层次的情感连接，从而提升品牌忠诚度。例如，通过讲述品牌背后的故事、展示企业的社会责任实践，或者分享客户的成功案例，内容营销能够让品牌更具温度和人性化，进而赢得消费者的信任与认同。

2. 内容营销与营销获客

内容营销是吸引潜在客户的第一步。通过提供有吸引力且实用的内容，企业可以吸引目标客户的注意力，并引导他们进一步了解产品或服务。内容营销不仅能够教育潜在客户，帮助他们理解产品

的价值，还能通过精准的内容策略提高转化率，最终实现销售目标。例如，一篇深入解析行业痛点的白皮书、一个展示产品实际应用场景的视频，或者一次解决客户问题的直播活动，都可以成为吸引潜在客户并推动其决策的有效工具。

3. 品牌建设与营销获客

强大的品牌能够建立消费者的信任感，从而降低获客成本并提高转化率。品牌建设不仅有助于企业在市场中树立差异化优势，还能吸引特定的目标客户群体，这对于精准获客至关重要。此外，品牌忠诚度的提升能够显著提高客户留存率，减少客户流失，从而为企业的长期获客策略奠定坚实基础。例如，一个在行业内拥有良好口碑的品牌，其新产品发布或促销活动往往更容易获得客户的关注和信任，进而推动销售转化。

4. 三者的综合作用

内容营销、品牌建设和营销获客三者并非孤立运作，而是相互促进，共同构建了一个完整的营销生态系统。

内容营销是品牌建设和营销获客的基础，它通过创造和分发有价值的内容，吸引并教育潜在客户，同时强化品牌形象。

品牌建设为内容营销和获客提供了信任基础和差异化优势，使企业在竞争中脱颖而出。

营销获客则通过精准的内容策略和品牌影响力，将潜在客户转化为实际购买者，最终实现商业目标。

三者相辅相成，共同推动企业的成功。只有将内容营销、品牌建设和营销获客有机结合，企业才能在激烈的市场竞争中占据优势，实现可持续增长。三者的关系具体如图7-1所示。

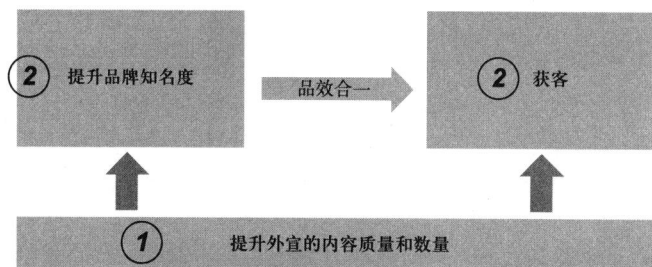

图 7-1 营销获客：内容营销、品牌建设和营销获客三者的关系

用户购买旅程（ACPP）模型：洞察客户需求，精准营销

在数字化营销浪潮中，精准把握消费者决策路径是企业成功获客的关键。用户购买旅程（ACPP）模型，正是这样一款助力企业实现高效营销的强大工具。

2014 年，我任职于惠普时，公司在全球各国市场部大力推行用户购买旅程模型，其核心目的是运用多元化市场推广策略，精准触达目标客户，有效提升销售转化率。彼时，面向 B 端客户，我们主要依赖客户会议进行推广。但这种方式存在明显弊端，会议覆盖客户数量有限，且单个客户投入成本高昂，投入产出比极不理想。

实际上，依据用户购买旅程模型，在与客户接触的前期，完全可以采用低成本的 EDM（电子邮件营销）和 SEM（搜索引擎营销）进行广泛覆盖，让客户初步了解产品。当客户对产品产生兴趣后，再通过成本较高的客户会议进行深入沟通，实现精准转化。这便是 10 年前用户购买旅程模型在实际业务中的成功应用。

后来，我进入民营企业担任市场部负责人，在深入探索内容与市场推广的融合过程中，我惊喜地发现用户购买旅程模型在内容营销领域同样具有卓越的适用性。它能够帮助企业更好地规划内容策略，根据客户在不同阶段的需求，提供针对性的内容，从而有效引导客户完成购买决策。

那么，究竟什么是用户购买旅程呢？简单来说，它是指消费者从意识到自身需求，到最终购买产品的完整过程。这一过程可细分为 4 个关键阶段：意识、考虑、偏好和购买。下面详细介绍每个阶段的特点及企业相应的营销目标。

1. 意识阶段

在这个阶段，消费者会意识到自己有一个需求或问题需要解决。这可能是由于他们当前的产品或服务不再满足他们的需求，或者他们遇到了一个新的挑战。这个阶段的触发因素可能是个人经验、广告、口碑推荐或其他外部刺激。

营销目标：提高品牌知名度，确保品牌在消费者考虑可能的解决方案时被纳入考虑范围。

2. 考虑阶段

一旦消费者意识到需求，他们就会进入考虑阶段，开始研究不同的选项和品牌，以确定哪些产品或服务能够满足他们的需求。在这个阶段，消费者会收集信息，比较不同的选择，并形成初步的偏好。

营销目标：提供详细的产品信息，帮助消费者了解产品的特点和优势，以及如何满足他们的需求。

3. 偏好阶段

在偏好阶段，消费者基于收集到的信息和个人偏好，开始缩小选择范围，并形成对某些品牌或产品的偏好。他们可能会基于价格、品牌声誉、产品特性、客户评价等因素做出选择。

营销目标：强化品牌优势，提供客户评价和案例研究，以增强消费者对品牌的信任和偏好。

4. 购买阶段

最终，消费者会做出购买决定，并进行购买。这个阶段可能涉及价格谈判、产品选择、支付方式和交付选项等。

营销目标：简化购买流程，提供优惠和促销活动，以促进最终的购买行为。

用户购买旅程模型如图 7-2 所示。

基于用户旅程，用合适的内容和手段组合影响客户

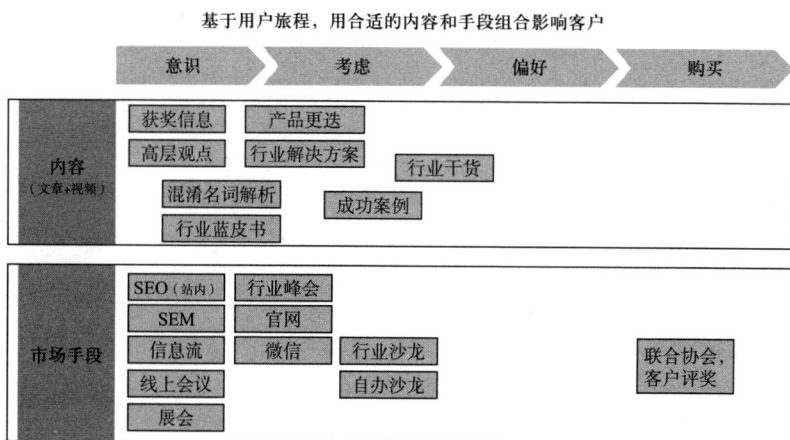

图 7-2　营销获客：用户购买旅程模型

为了让大家更深刻地理解这一模型的逻辑，我们不妨从生活中常见的消费场景入手，看看买唇膏和买房子的心路历程。

买唇膏：C 端消费的典型旅程

想象一下，你在逛购物网站时，突然刷到一条超诱人的唇膏视频广告，或是在某综合性网站上看到某博主超种草的帖子，瞬间，你心里冒出一个念头："我好像需要一支新唇膏了！"恭喜，你成功进入了用户购买旅程的意识阶段。在这个阶段，一个小小的广告或推荐，就能点燃你内心的消费欲望。

接着，你开始在网上疯狂搜索各种博主的评测，仔细研究哪个色号最显肤色，哪个牌子最滋润还不容易脱色。这个货比三家、精心挑选的过程就是考虑阶段。你在海量信息中筛选，试图找到最适合自己的那一款。

经过一番激烈的思想斗争，你终于有了心仪的品牌和色号。但你还不放心，于是又来到购物网店，查看买家评价，看看大家的真实使用感受。这时候，你就进入了偏好阶段，对某个特定品牌或产品产生了明显的倾向性。

最后，你终于等到了购物网站的促销活动，毫不犹豫地下单付款。在最优惠的价格拿下心仪的唇膏，完美完成购买阶段。买唇膏的过程虽然简单，但却完整地展现了 C 端消费品购买旅程的各个阶段。

买房子：类比 B 端复杂决策

对于 B 端客户而言，购买决策过程往往更加复杂，就像买房子一样。房子价格高，涉及的因素众多，其购买旅程和 B 端产品有很多相似之处。

当小孩到了上小学的年纪，你突然意识到，为了孩子更好地发展，必须买一套离优质学校近一些的房子。这一觉醒时刻就是意识阶段，孩子的教育需求触发了你对房子的强烈渴望。

紧接着，你开始上网了解师资较好的学校附近有哪些新开楼盘或二手房，筛选出符合预算的选项，然后联系中介实地看房，仔细考察房间布局、周边生活配套等。这个全面调研、实地考察的过程，正是考虑阶段。你在众多选择中权衡利弊，力求找到最完美的家。

经过一番奔波和比较，你和伴侣终于圈定了两三个意向楼盘。

此时进入了偏好阶段，对这几个楼盘有了明显的偏好，但还在犹豫最终选哪一个。

最后，你让中介出马砍价，当业主（或开发商）愿意作出一些让利时，你果断出手，签下购房合同。这就是购买阶段，在经过漫长的决策过程后，终于达成交易。

通过买唇膏和买房子这两个案例，我们可以清晰地看到用户购买旅程模型在不同场景下的应用。无论是 C 端的日常消费，还是 B 端的复杂决策，这一模型都能帮助我们深入理解消费者的心理和行为，为企业制定精准营销策略提供有力支持。

无论是 C 端还是 B 端产品，想要有效获客，一定要在客户不同的购买阶段，用合适的内容，通过合适的渠道触达客户，才能达到最大效果。

面向 B 端内容营销类型及策略：贴合需求，有效营销

回到 B 端产品推广，我们常常看到一些企业公众号发一些有关企业的文章，如企业参加了什么展会，企业搞了场员工培训活动等。说实话，换位思考，站在用户的角度，你觉得这些吸引人吗？

这里分享一个小故事。几年前，我的前东家在苏州成立分公司，我们做了一个庆祝仪式，负责华东市场的同事还找到苏州电视台和《苏州日报》记者过来采访报道。

我当时问他：这篇报道的中心思想是什么？

他不假思索地说：当然是我们成立苏州分公司呀。

我再进一步问他：要是你发了篇帖子，说你搬家了，你觉得阅读量和点赞会高吗？

同事想了想，说：不会，因为我搬家这件事，与读者没有切身利益的关系。

我接着说：对，如果你把这篇帖子的中心思想换成怎么找到好的学区房或者自己装修的攻略，那么阅读量和点赞就会高，因为这跟读者的切身利益相关。同理，在这篇媒体报道的文章里写我们在苏州成立分公司的事件就跟你搬家这件事一样，没人在乎。但若是把中心思想改成感谢苏州市政府对工业互联网企业的支持，以及我们接下来用怎样的方案来赋能苏州工业企业做数字化转型，那么这篇文章的关注度就高了。面向 B 端的内容，一定要跟目标客户切身利益相关。

B 端客户需要看哪些内容呢？主要包括以下几类。

（1）企业动态，如获奖、参与活动、企业文化、企业社会责任等。

（2）行业洞察，高层观点、行业干货、行业报告、蓝皮书等。

（3）产品介绍。

（4）成功案例。

我们再结合用户购买旅程，分析在每个阶段，客户需要关注哪些内容。

意识阶段，企业目的是让客户对企业品牌有所了解。这个阶段企业需要发布与企业动态相关的内容，如获奖、参与活动、企业文化、企业社会责任等。

考虑阶段，企业目的是挖掘客户需求，说清楚能解决的问题。这个阶段企业需要发布一些行业洞察和产品介绍。

偏好阶段，企业需要加强客户的信任，此时就要多发成功案例。

购买阶段，企业需要做辅助成交，这个阶段其实是销售部的工作，市场部可做的事情比较少，但针对一些大企业客户，如房地产集团企业，市场部可以联合第三方协会给客户评奖，以便客户的对接人可以更好地在其集团内部推进数字化转型项目，减少内部阻力。

具体内容如图 7-3 所示。

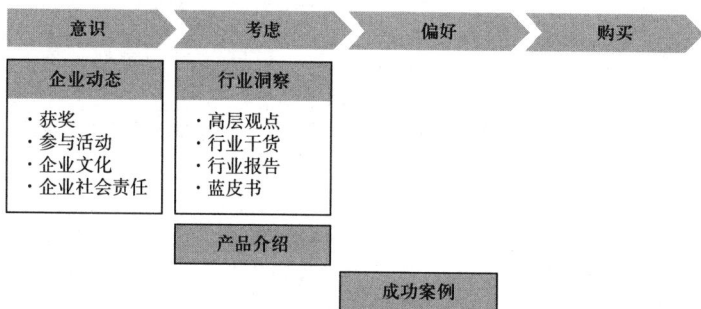

图 7-3　营销获客：基于用户购买旅程的面向 B 端的内容

创作窍门：打造高质量内容的技巧

自从 ChatGPT 推出以后，你的老板有没有跟你说要多用 AI 来提高内容产出效率呢？然而，AI 只是工具，若你不会提问，这个工具反而会降低效率。

创作内容四步骤：定选题、找角度、写提纲、填内容

怎样才能创作出好的内容呢？我认为是定选题，找角度，写提纲，填内容。

1. 定选题，要做到"三看"

（1）看自己。

企业自身有什么能力，如技术、案例、内部事件等。市场部要多与公司其他部门沟通，了解公司内部的最新情况。一般来说，企业得奖，高管参加了某个活动的演讲，新品发布，有新签客户，客户发了表扬信，甚至企业得到了某知名媒体的报道，这些都是极具价值的话题。

（2）看外界。

如政府发布什么政策，媒体近期做什么选题等。想知道政府发布什么政策，就多关注政府工作报告。政府工作报告通常包括以下几个主要内容：对过去一年的工作回顾；经济社会发展的总体要求和政策取向；新一年的政府工作任务；深化改革和扩大开放；强化生态环境保护治理；民生保障和社会事业发展；财税、金融等领域的改革；扩大高水平对外开放；生态文明建设和绿色低碳发展；区域发展和城镇化，全面深化改革开放；高质量共建"一带一路"；持续改善生态环境，推动绿色低碳发展，切实保障和改善民生；加强和创新社会治理等，其中大概率能找到企业所处行业的相关动向。

至于看媒体近期做了什么选题，可有两个方法，一是上今日热榜了解舆论热点；二是定期跟媒体从业人员交流。

找到外界关注点后，就是结合热点来写与企业相关的内容。例如几年前的"火神山"医院的建设，累计2亿人次做云监工。当时我前东家的客户三一重工的工程机械设备就参与了建设，我们根据工业互联网平台的数据，从工业互联网应用角度回顾"火神山"医院8天建设的全过程，率先发表文章，得到新华社的二次创作。后续复工复产时，又根据平台各省工程机械开机数据，报道全国各地复工复产情况，让更多人了解工业互联网的应用，直至现在，中央电视台仍会定期报道前东家的挖掘机指数。

（3）看同行。

关注竞争对手近期发布的内容，可通过竞争对手的公众号、Linkedin 号和抖音号了解其最新动向。市场预算充足的企业，还能借助舆情监测系统查询第三方媒体对竞争对手的报道。若竞争对手发布热门选题，只要我们内容质量更优，也可跟进创作。

2. 找角度，运用 4W+1H 思路

以"专精特新"为例，从以下几个维度切入。

What：阐述什么是"专精特新"。

When：介绍中央及各地颁布"专精特新"政策的时间。

Why：分析中央支持"专精特新"中小企业发展的原因。

Where：探讨国内哪个省市"专精特新"企业最多，侧重哪些技术领域。

How：论述"专精特新"对社会发展的贡献价值，以及如何申请"专精特新企业"等。

3. 写提纲

不同类型的稿件有不同的提纲套路，以下是常见类型的写作框架。

（1）行业洞察类深度稿件。

这类稿件通常以触发事件开头，接着是对事件的深入反思，然后列举正向案例和名人名句，最后以升华结尾。需要注意的是，这种提纲套路主要适用于国内读者。对于面向欧美地区的稿件，需调整结构，因为西方读者的思维模式不同，他们习惯于先明确观点，再用论据支撑，而中国读者则倾向于通过层层铺垫最终揭示中心思想。

（2）产品介绍稿与客户成功案例的提纲通用模式。

这两种稿件的核心框架可以用 12 字概括：你有病，我能治，如何治，治好了（见图 7-4），但两者的侧重点有所不同。

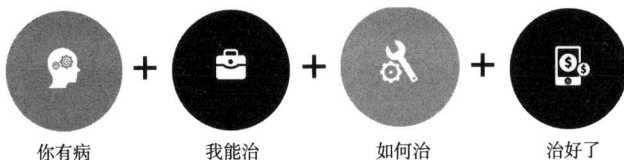

图 7-4 营销获客：产品介绍稿与客户成功案例的提纲通用模式

产品介绍稿（卖家秀）：

① 客户应用场景：先描述客户的实际需求和场景。

② 解决方案：介绍企业提供的解决方案。

③ 如何实现：详细说明解决方案的功能、优势和利益。

④ 收益与案例：列举服务过的客户及其取得的效果。

重点：文章的核心在于第③点，即"如何实现"。

客户成功案例（买家秀）：

① 客户痛点：具体描述某个客户的背景及其未使用解决方案前的困境。

② 解决方案：说明客户采用了企业的哪些解决方案。

③ 如何实现：阐述解决方案的功能、优势和利益。

④ 用后变化：重点展示客户使用后的实际收益和变化。

重点：文章的核心在于第④点，即"用后变化"。

通过以上提纲模板，可以更有条理地组织内容，确保稿件逻辑清晰、重点突出，同时满足不同类型读者的需求（见图 7-5）。

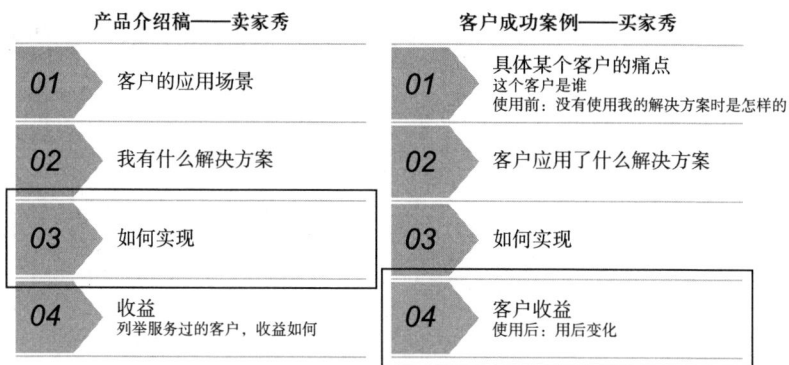

产品介绍稿——卖家秀　　　　客户成功案例——买家秀

01 客户的应用场景

01 具体某个客户的痛点
这个客户是谁
使用前：没有使用我的解决方案时是怎样的

02 我有什么解决方案

02 客户应用了什么解决方案

03 如何实现

03 如何实现

04 收益
列举服务过的客户，收益如何

04 客户收益
使用后：用后变化

图 7-5　营销获客：产品介绍稿与客户成功案例的提纲差异

需要特别强调的是，撰写优质内容时，始终要站在读者的角度思考。例如，在撰写成功案例时，建议先对客户进行访谈，深入了解他们的痛点：在使用我们的产品或解决方案之前，他们是如何应对问题的？使用后又发生了哪些变化？通过提问，可以从客户的回答中挖掘出更多生动的故事细节，这种深度互动和洞察是 AI 无法替代的。

再如，撰写面向求职者的企业文化宣传文章时，可以重点介绍企业的培训机制、晋升通道、节庆活动以及人文关怀等内容。但关键在于，要从求职者的视角出发，让他们感受到企业是一个充满成长机会和温暖关怀的地方，从而激发"我想加入"的强烈愿望。只有真正站在读者的立场，才能创作出打动人心的内容。

4. 填内容（9 字概括，靠自己，靠别人，靠 AI）

（1）靠自己，建立内容素材库。

这包括政策法规、名人名句和企业对外宣传口径库，这些都是撰写稿件时可引用的宝贵资源。政策法规可以在中华人民共和国中央人民政府官网和中华人民共和国工业和信息化部官网查找。提炼法规内容时，关注 3W+P：When（时间）、Who（部门）、What（政策内容）和 Purpose（目的）。也可以将法规网址发送给 AI，由 AI 提炼核心内容，从而大幅提高工作效率。

名人观点主要来自企业所处行业的关键意见领袖。例如，在工业互联网领域，中国工程院院士如邬贺铨、李培根和高金吉，以及工业互联网产业联盟（AII）秘书长余晓晖，都是行业内的知名专家。名人资料库应包含姓名、职称、研究方向、出席活动、演讲主题和背书企业等字段，并进行 3W 观点提炼：When（时间）、Where（场合）、What（内容）。

企业对外宣传口径库在品牌建设章节中也有提及，它规范了企业各部门的对外宣传、政府项目申报和销售投标材料的内容，提高了文档输出效率。内容要点包括公司简介、人事相关、技术实力、成功案例、企业大事记、主要观点和联系方式等。成功案例库的搜索字段包括行业、客户名称、负责销售、项目经理、项目名称、客户痛点、项目价值提炼和项目效果等，这些内容需要销售或项目经理提供，市场部进行二次加工，整理成 100 字和 500 字左右的文案。

（2）靠别人，实施全民内容营销。

为了做好营销获客，输出大量优质内容是基础。市场部人手有限，且并非最懂技术，因此需要公司其他部门的协助。全民内容营销的流程包括：制定全员营销政策、召开启动大会、协作部门贡献基础内容、市场部制作内容、员工转发内容、销售转化线索、公司评奖和技术支持。

市场部在此过程中负责提纲撰写和内容二次加工。技术同事的思维方式与客户不同，他们撰写的内容往往不适合直接呈现给客户，因此市场部需要进行调整。此外，其他部门同事有各自的主营工作，撰写稿件可能较为困难。市场部可以通过访谈形式，像媒体采访一样，获取协作同事的专业见解。企业动态中的获奖信息、参与活动和企业社会责任等内容由市场部自行处理，而企业文化内容则需要人力资源部的协助。行业洞察中的高层观点由市场部根据录音速记稿输出，行业干货、报告和蓝皮书则需要其他部门的协助。产品介绍和成功案例的输出则是市场部与其他部门共同完成的。

通过这种方式，市场部不仅能够高效地管理和利用内部资源，还能激发全公司的内容创作潜力，实现更广泛的市场影响力。

（3）靠AI。

在第八章的"AI+营销创新应用场景"一节中，将深入探讨AI在营销领域的创新实践。届时，不仅会详细解析AI技术的具体应用场景，更重要的是，还会提供实用的AI指令模板，这些模板将为您的工作提供切实可行的参考方案。

标题创作艺术：吸引眼球，激发兴趣

在掌握了内容创作的要领之后，让我们聚焦于文章的门面——标题。标题虽短，却承载着吸引读者的重任。我的经验是：简洁为上。一个优秀的标题应当遵循"1秒原则"：如果读者无法在1秒内理解标题的含义，那么这个标题就失去了传播的价值。这不是因为读者理解能力不足，而是因为在信息爆炸的时代，我们只能争取到读者1秒的注意力。

好的标题不需要华丽的辞藻，关键在于清晰传达价值，激发点击欲望。即使内容再优质，视频再精彩，若标题不够吸引人，打开率就会大打折扣，直接影响传播效果。值得注意的是，同一内容在不同平台发布时，标题也需要因地制宜，针对各平台用户的阅读习

惯和偏好进行调整优化。

1. 各平台爆款标题创作指南：从国内到国际

（1）国内平台标题特点解析。

① 媒体通稿。

核心特征：简洁权威，信息明确。

创作要点：突出新闻价值、确保信息准确性、避免过度营销化。

示例："2023年Q3中国GDP增长4.9%，经济复苏态势明显。"

② 知乎。

核心特征：问题导向，引发思考。

创作要点：直击用户痛点、采用问答形式、设置认知悬念。

示例："为什么90后开始抗拒相亲？这背后藏着怎样的社会变迁？"

③ 小红书。

核心特征：生活方式，实用导向。

创作要点：提供具体解决方案、展现生活新方式、设置互动话题。

示例："新手必看！7天打造ins风卧室，预算仅需2000元。"

④ 抖音。

核心特征：吸睛有趣，效果导向。

创作要点：突出视频亮点、使用数字强化、强调实操效果。

示例："3分钟学会网红眼妆，手残党也能轻松上手！"

⑤ 微信。

核心特征：情感共鸣，数字加持。

创作要点：强化情绪表达、善用数字呈现、突出实用价值。

示例："采访1000位成功人士，总结出这5条职场晋升秘诀！"

（2）国际平台标题创作策略。

① LinkedIn。

核心特征：专业权威，价值导向。

创作要点：突出行业洞察、提供专业建议、展现职业价值。

示例："2024年数字化转型趋势：企业如何把握发展机遇。"

② Facebook。

核心特征：社交互动，情感连接。

创作要点：强化社交属性、引发情感共鸣、促进互动分享。

示例："家庭聚会新创意：5个让长辈也爱上的互动游戏。"

③ YouTube。

核心特征：悬念吸引，行动号召。

创作要点：设置内容悬念、突出视频特色、强化行动引导。

示例："揭秘：为什么这款产品能在24小时内售罄？"

④ TikTok。

核心特征：潮流创意，年轻活力。

创作要点：紧跟热点话题、突出趣味挑战、激发用户参与。

示例："#夏日变装挑战：用30秒惊艳所有人！"

2. 关键词优化建议

为了便于被平台用户搜索得到企业发布的帖子，一定要多带企业推广产品或解决方案的关键词。文字类内容优化，标题或文章正文首尾各100个字内加企业品牌关键词和产品解决方案关键词。视频类内容优化，标题突出关键词，内容加#话题标签。

📖 **实战案例:**

如何发动其他部门同事一起做知乎号

知乎作为一个问答社区,能针对泛生活需求提供解答与帮助,还能进行多维度中立的测评和解读,非常适合 To B 市场推广。在知乎上,发布深度内容或有独到见解的内容往往能收获良好效果。知乎内容发布形式主要有自己发帖和话题跟答两种。然而,市场部人力有限,该如何做好知乎运营呢?下面为大家分享关于话题跟答内容输出的实战经验。

第一步:调研筛选跟答问题

首先要进行调研,寻找合适的跟答问题。使用与企业产品解决方案相关的关键词,在知乎上搜索热门话题。制作的调研表格应包含以下字段:相关关键词、话题、话题网址链接、话题发布时间、回答数量以及哪个竞争者有做跟答。优先选择回答数量多的话题进行跟答,因为通常回答数量越多,话题热度越高。但如果话题是几年前发布的,且回答数量寥寥无几,即便有竞争者跟答,也可不参与,因为这类话题往往不是目标客户关注的焦点。

第二步:协同其他部门输出内容

接下来,协助其他部门同事输出内容。若企业拥有类似腾讯乐享的知识共享平台,且内部跨部门分享知识的氛围浓厚,可在这些平台发布话题,邀请大家参与。若没有这样的平台,就需要自上而下地让其他部门协助提供内容。先联系相关部门负责人,向他们阐述全民内容营销项目的益处,再由他们指定部门对接人。之后,召集各部门对接人开会,详细介绍项目目的、各部门需协作的工作、内容输出跨部门协作流程、预计工作量以及奖励计划。奖励计划涵盖物质和精神两方面。物质奖励可以是一些小福利，比如价值一两百元钱的购物卡、咖啡券或外卖券等。精神激励则是依据文章的评论数和赞同数，评选出年度高质量内容输出部门，并制作成海报展示在公司文化墙，同时发布在企业内部群。毕竟其他部门同事都有本职工作，以激励为主更有利于项目推进。

第三步：内容二次加工

由于其他部门同事并非专业文案撰写人员，他们写出的内容通常需要市场部进行二次加工。不过，有了基础内容后，市场部可借助 AI 进行二次加工，这样能大幅提高效率。若协作部门同事擅长表达但不擅长写作，市场部可以采用访谈加笔录的方式，与协作部门同事共同完成内容输出。在有了跟答主体内容后，市场部再利用 AI 进行二次加工，然后发布知乎帖子。图 7-6 是跨部门协同的分工，供读者参考。

	市场部	业务部（人力资源部）
A.确定选题	1. 每月20日前确定下月各渠道问题及课程选题 2. 每月下旬与业务部门项目对接人开对接会	业务部门项目对接人参加每月会议
B.内容填充	设计内容填充模板 备注：成功案例需要连线客户，深度挖掘故事点	1. 命题作文，根据模板提供800字以内的文字 2. 知乎，根据提问提供800字左右的文字（企业文化除外） 3. 课程，根据选题，录制不少于30分钟的线上课程视频，或进行线上直播
C.内容转换	1. 将业务部门提供的知乎内容简化为百度知道 2. 根据稿件传播需要，做成图文、图片和视频等形式	
D.内容确认		确认稿件/视频
E.稿件宣发	选择合适的平台来发布	

图 7-6 营销获客：全民内容营销协作流程

第三节

内容分发：选择合适渠道，扩大影响力

2024 年 4 月，在我前东家的全球代理商大会上，代理商们和我们一同探讨适合各个国家国情的市场推广手段。其间，有个代理商问我，为什么不在某网络平台上发帖子。我的回答是，该网络平台更适合 C 端产品推广，并不适合 B 端产品。还有 3 年前，在另一家前东家工作时，我通过舆情监测系统发现，有家友商的媒体提及量突然大幅上升，原来是他们在某平台上雇人发布了大量帖子。当时我的第一反应就是，他们市场部是不是到年底要冲 KPI 了，毕竟该平台根本不是 B 端产品的合适宣传渠道。

正如前文所述，无论是 C 端产品还是 B 端产品，若想有效获客，就必须在客户不同的购买阶段，通过合适的渠道，用恰当的内容触达客户，这样才能达到最佳效果。在本节中，我们主要介绍内容分发渠道及其区别，让大家了解如何选择分发渠道，更有利于实现销售转化。

企业内容分发渠道分类：自有渠道与外部渠道

企业内容分发渠道可以根据其特性和来源分为以下两类。

（1）自有渠道：自有渠道包括企业的社交媒体账号和网站等。这些渠道具有高度的可控性和定制化程度，非常适合发布与品牌或产品紧密相关的内容。在中国，面向 B 端企业常用的社交媒体平台有微信公众号（订阅号、服务号）、今日头条、百家号、知乎号、网易号、搜狐号、微信视频号、抖音号、百度好看视频、哔哩哔哩（简称 B 站）等。在海外，主要是 Linkedin、Facebook、Twitter、YouTube 等。国内的小红书和海外的 TikTok 注册用户量持续增长，但这两个平台更适合 C 端产品进行种草营销。

（2）外部渠道：外部渠道主要有主流媒体和自媒体。主流媒体是指那些具备一定权威性、专业性和公信力的媒体机构。这些媒体通常遵循严格的新闻职业道德和标准，提供准确、客观、公正的新闻报道和信息。而自媒体则是个人或小团队通过互联网平台发布内容的媒体形式，更强调个人表达和互动性。

主流媒体又可细分为大众媒体、财经媒体、科技媒体、垂直行业媒体等。按读者受众面从大到小排序为：大众媒体＞财经媒体＞科技媒体＞垂直行业媒体。大众媒体、财经媒体和科技媒体更适合用于品牌建设，而垂直行业媒体则适合进行营销获客。这些媒体都拥有自己的媒体矩阵，也就是融媒体。融媒体是一个相对较新的概念，它指的是利用现代新媒体技术，将广播、电视、报纸、互联网等多种媒介资源进行整合，形成新兴媒体形式，以实现信息的有效传达和服务的广泛覆盖。融媒体不仅涉及技术的深度融合，还涵盖内容、渠道、平台、经营、管理等多方面的融合创新。例如人民日报社，除了线下的《人民日报》外，还有网站、App，以及在各个社交媒体平台上的官方账号。

在国内，在全国范围内影响力位居前四位的大众媒体是《人民日报》（含人民网）、新华社（含新华网）、中央电视台（含央广网）、中国新闻社（含中国新闻网）。在区域范围内，大众媒体主要是各省市的机关报纸，比如在广东就是《南方日报》。如果企业的业务与政府打交道较多，若能被这些媒体报道，便能提升企业的知名度。只要企业及其应用案例具有新闻点，且契合记者的选题，就有机会免费获得报道，这就得看市场部媒体公共关系人员的能力了。不过，需要特别提醒一下，如果某天公司前台接到电话，或者公司高管收到邮件，对方自称是中央电视台某栏目，邀请公司董事长前往北京中央电视台演播厅接受采访，还声称节目制作和播出免费，这时大家一定要慎重对待，其中或许存在其他隐性收费，总之要多向同行了解情况。

在国内，比较知名的财经媒体有第一财经、每日经济新闻、21 财经、界面新闻、证券日报等。比较知名的科技媒体有 36 氪、钛媒体、雷峰网等。至于垂直行业媒体，比较知名的泛工业类媒体有数字化企业、中国工控网、物联网智库等，而在工业的不同细分行业也有各自的垂直行业媒体，比如医疗设备行业的全国体外诊断网、机器人行业的机器人在线等。

选对平台的重要性：精准触达，提高转化率

在中国互联网环境下，微信生态、百度生态、字节生态等平台的内容相互搜索受限。以下是各平台的特点。

（1）微信生态：微信搜一搜是微信生态的搜索工具，主要连接微信内部的公众号、小程序、视频号等内容和服务。微信百科的上线进一步丰富了搜索内容，其定位是让微信生态内有更合适的内容、服务与用户精准连接。

（2）百度生态：百度的搜索和信息流主要依赖百家号、百度好看视频、百度百科等提供的内容，既能满足用户的搜索需求，也通过个性化推荐实现内容找人。值得一提的是，搜狐号、网易号、知乎、小红书和 B 站上的帖子能被百度搜索到并登上百度首页。

（3）字节生态：字节跳动通过头条搜索、抖音搜索等内部生态

搜索入口，主要聚焦字节跳动系产品内容，如微头条、头条号、抖音等。字节跳动还通过收购互动百科，丰富了头条百科内容。

尽管各平台有让内容互相搜索的尝试，但由于竞争关系和数据孤岛现象，内容并不完全对外部搜索引擎开放。用户使用某平台搜索功能时，搜索结果主要局限于该平台内部内容生态。比如微信搜一搜主要搜索微信内容生态，百度和字节跳动的搜索也主要限于各自内容生态。这就意味着企业做内容时，需要在多个社交媒体平台同步分发，以扩大内容触达范围，让更多用户看到。

企业通过内容营销获客，必须关注目标客户的社交行为习惯。百度搜索流量数据显示，大部分 B 端客户在上班时间（上午 9 ~ 12 点和下午 2 ~ 6 点）使用 PC 端上网，其余时间段多用手机端上网。百度生态主要基于 PC 端，微信生态和字节生态主要基于手机端。因此，在百度生态发布内容便于企业内容在用户上班时被搜索到，而在微信生态和字节生态发布内容则是为了在用户下班时能被搜索出来。

前文提到，产品方案有竞争力、内容优质且找对垂直行业媒体公众号，企业无须借助 SEM 和活动就能直接获取销售线索。我曾在体外诊断网、机器人在线和北极星环保网等公众号成功验证。寻找垂直行业媒体公众号的窍门是，用行业关键词在微信搜索，查看出现的公众号，然后评估文章内容质量、阅读量、在看量、点赞量。若阅读量高，但在看量和点赞量极少甚至为个位数，很可能阅读量是刷出来的。之后查看该公众号是否发布过竞争对手的相关内容，若有，则大概率值得与这家媒体进一步沟通合作。

在外部公众号发稿也有小窍门：其一，发布成功案例比解决方案更易获客；其二，临近中午休息时推送比晚上推送更易获取销售线索，因为中午客户休息时刷到文章，下午上班便可上网搜索了解企业更多信息，而晚上看到可能睡一觉就忘了；其三，文末一定要留上 SDR 的企业微信二维码，方便客户看完文章后直接加 SDR 企业微信了解更多情况。

海外市场社交平台分析与策略：了解海外，拓展市场

相较于国内，海外的社交媒体营销相对简单，Google 是主流搜索引擎。海外客户常用的社交媒体平台如下。

Facebook：全球最大社交网络平台，月活跃用户超 31.5 亿。

YouTube：全球第二大社交网络平台，活跃用户超 25 亿，用户平均每月在线时长 23.7 小时。

Instagram：月活跃用户超 20 亿，是第四大常用社交媒体平台，在欧美地区用户众多。

TikTok：全球月活跃用户超 10 亿，是近期上升趋势最快的社交媒体平台之一。

Twitter：作为微博平台的代表，在全球拥有广泛用户基础。

LinkedIn：职业社交平台，在全球也拥有大量用户。

Pinterest：照片分享平台，在全球占据一定市场份额。

面向 B 端客户推广，一般做好 LinkedIn、Facebook、YouTube 和 Twitter 的发帖即可。

无论是面向国内还是海外市场，销售与市场营销的底层逻辑是相通的。中国企业做出海营销，往往卡在信息差上，包括市场环境和消费者洞察、文化差异和本地化、法律法规、商业规则、供应链管理和风险管理等多个方面。进入新市场，深入研究目标客户和竞争对手才是明智之举。

第四节
面向 B 端推广手段实战：多种方式，综合运用

2008 年，我从飞利浦手机跳槽至惠普，投身于个人电脑产品的 B2B 市场推广领域。彼时，我敏锐地察觉到，B 端市场推广手段与我此前熟悉的 C 端营销方式存在诸多显著差异。在 C 端营销获客的过往经历中，我们主要通过举办路演活动、精心布置店面陈列来吸引消费者（如今，C 端营销则更侧重于电商平台的运营）。而在 B 端市场，圈层营销成为关键策略，比如发送针对性的电子邮件、在专业网站投放醒目的横幅广告、举办各类主题沙龙会议，以及积极与行业协会和行业媒体展开合作。

时间来到 2010 年，随着搜索引擎广告和电商模式的蓬勃兴起，B 端市场推广手段也随之丰富，增添了搜索引擎广告和电商渠道。此后，内容营销以及 ABM（Account Based Marketing，目标客户营销）等全新概念相继涌现，进一步革新了 B 端营销格局。近两年，随着 AI 技术的迅猛发展，AI+ 营销的创新应用，如数字人直播、智能客服等，又为 B 端市场推广注入了新的活力。回顾这十几年，B 端市场推广手段的变革之快、之多，远远超过了过去几十年的总和。

根据 2024 年中国商务广告协会（CAAC）发布的《2024 中国数字营销年度报告》，市场营销推广手段的演变与互联网媒体形态

的进化息息相关。中国在互联网技术领域一直处于全球领先地位，这在一定程度上解释了为何国内市场推广手段相较于海外市场更为复杂、多元。国内丰富的互联网应用场景和庞大的用户群体，为市场推广手段的创新提供了肥沃的土壤，催生出各种新颖的营销方式和策略，图 7-7 是中国市场营销推广手段的演变过程。

阶段	起步阶段	发展阶段	升级阶段	转型阶段
时间	2000—2008 年	2009—2013 年	2014—2018 年	2019 年至今
互联网技术	宽带	3G	4G	5G
主要营销模式	传统营销：线上广告	交互营销：互联网＋营销	精准推广：大数据＋营销	智能营销：AI＋营销
主要媒体形态	展示广告、图片广告、文字链接、搜索、富媒体以及广告网络	搜索广告、社交媒体广告	个性化广告	全渠道广告
主要营销渠道	广播、电视、门户网站	社交媒体	短视频、直播	整合营销、生态营销

图 7-7　营销获客：中国市场营销推广手段的演变

尽管时代在不断变迁，市场推广手段也日新月异，但是 B 端营销获客的核心逻辑始终不变：深入研究目标客户，精准把握能触达目标客户的渠道，根据用户购买旅程的不同阶段，运用合适的内容，精心组合各类市场推广手段，从而获取客户联系方式，深度挖掘客户需求，最终转化为 SQL。无论市场环境如何变化，都需要围绕这一核心展开工作。

按照活动形式来划分，面向 B 端营销获客手段分为会议营销、数据库营销、数字营销、内容营销和目标客户营销等。

会议营销	数据库营销	数字营销	内容营销	目标客户营销
· 展会 · 行业峰会（第三方） · 行业峰会（自办） · 小型沙龙（第三方） · 小型沙龙（自办） · 单一客户服务日	· 直邮 · 电子邮件 · 短信 · 电话	· SEM · SEO · 信息流广告 · 开屏广告 · 弹窗广告 · Banner · 线上会议	· 官网 · 自媒体 · 视频 · 直播	· 目标客户 · 营销自动化 · 社群

通过各种推广手段——获取客户联系方式——挖掘客户需求

图 7-8　营销获客：面向 B 端营销获客手段

会议营销：面对面交流，建立信任

会议营销是一种面对面的交流方式，重点在于建立信任和关系，非常适合展示产品或服务、收集反馈，以及开展教育和培训，是面向 B 端最常见的营销获客手段之一。按照参会客户人数的多少，会议营销可以分为展会、行业峰会、沙龙和客户服务日。行业峰会和沙龙又能进一步分为第三方赞助举办和企业自行举办。

当企业刚进入新市场时，通常会先参加当地的展会。展会为企业提供了与客户面对面交流的机会，企业可以借此了解客户的需求和反馈，提高客户满意度。同时，展会也是进行市场调研和竞争分析的好时机，企业可以通过观察参观者的反应，收集有关市场需求、竞争对手情况等信息。在展会活动中，企业还能与其他参展企业建立联系，寻找合作机会，拓展业务范围。

展会一般可以分为品牌宣传类和营销获客类。像德国汉诺威展和贵州大数据展，就比较偏向品牌宣传，因为参会客户来自不同行业，范围较广，而垂直行业展会则属于营销获客类。我个人认为展会是性价比相对较低的营销获客手段，因为展会场租需要花费一笔资金，展台搭建又要投入一大笔钱，展会期间现场人员的人工成本和客户互动礼品费用也是一笔不小的开支，而且在展会上与客户交流的时间有限，收集到客户信息后，还需要与客户进一步交流和培育，才有可能转化为销售线索。企业刚进入新市场时，由于不了解客户和竞争对手，确实可以通过参加展会来快速了解市场状况。但随着企业积累的客户数量逐渐增加，就需要考虑其他类型的营销获客手段了。

行业峰会主要由第三方机构，如行业媒体、行业协会主办，企业进行赞助。评估一个行业峰会活动是否值得赞助，有以下几个标准：一是活动邀请的客户与企业目标客户一致；二是赞助权益中要有展位；三是赞助权益中要有演讲机会，且演讲出场顺序最好是开场后的第 2～4 位，因为越靠近会议结束时段，客户的收听效果越差；四是会后能提供参会名单，方便市场部进行客户回访，挖掘销售线索。举办行业峰会其实是很有盈利空间的，既能从企业赞助中获得收入，又能向参会人员收费。如果企业是业内的佼佼者，就可以通过举办行业峰会，将市场部从费用支出部门转变为收入创造部门。在海外，一些大型合作伙伴就是通过举办峰会从厂家获取收益的。之前我在前东家时，销售人员申请赞助菲律宾最大的 IT 代理商的客户答谢会。该代理商最初报价 5000 美元，销售人员砍价后变为 3000 美元，但只有展位，没有演讲机会。我当时就让销售人员给我提供关于这个活动的更多资料，比如活动议程和活动举办酒店信息。我一看议程就发现，代理商在这个活动中能赚取不少利润。这是一个为期一天的会议，有八九个演讲位和十几个展位，却全天只给参会客户提供一顿午餐。代理商在这个活动中赚取十几万美元完全有可能。3000 美元的赞助费与中国的物价水平相当，而菲律宾的物价水平较低。我当时就否决了这个活动，让销售人员找代理商争取更多权益。所以对于市场部来说，一定要充分了解活动详情，不能仅仅听销售人员的片面之词。

小型沙龙是大约 30 人参加的沟通会，更适合进行深度交流。如果举办面向新客户的沙龙，最好在现场安排一些老客户，让他们分享自身的经验和感受，这样能够提高销售转化率。

至于单一客户服务日，比较适合集团客户，属于老客户关系维护的一种方式。通过这类关系维护活动，可以提高客户满意度，从而促使客户增加购买或再次购买。我之前在惠普负责打印机行业大客户市场推广时，就经常举办这类活动。在活动现场，除了安排维修站工程师检查客户多台打印机的使用情况外，还设置了打印机现场展示环节，让客户的员工能够现场体验打印照片、打印环保袋、打印冰箱贴的乐趣。

📋 实战案例：

中小企业如何在海外举办
高性价比的海外代理商大会？

对于中小企业而言，出海拓展市场是实现业务增长的重要途径。在海外目标市场寻找合适的代理商，借助其渠道将产品推向各地的企业客户，是企业出海的关键路径之一。而举办海外代理商大会，无疑是企业扩大海外市场布局、加速国际化进程的重要举措。

通过这样的大会，企业能够与来自全球的代理商齐聚一堂，共同探讨合作发展的新战略，为全球业务拓展注入新的活力。大会为企业提供了一个绝佳的平台，既能传递企业在细分领域持续深耕、打造尖端关键产品的理念，又能展示最新研究成果、技术创新以及先进解决方案。在大会期间，通过各种互动交流活动，企业与合作伙伴之间的联系将更加紧密，合作基础得以夯实，协作信心也会进一步增强。此外，代理商大会还是企业获取订单、推动业务增长的重要契机。企业可以通过展示广泛的产品线和强大的技术实力，吸引代理商和客户，实现订单与销售的双增长。

笔者在标题中特别强调"高性价比"，这里所说的"高性价比"就是指活动看起来高端大气，但实际费用却相对较低。毕竟中小企业与大企业存在差异，大企业拥有充足的市场预算，市场部在举办大会时，可以将项目全部委托给外部供应商，由他们负责创意设计制作、会务安排以及现场执行等工作。而中小企业资源有限，市场部往往需要亲力亲为，承担各项工作。在海外举办大会，面临着语言障碍、信息差以及时差等诸多难题。在此，我将分享在某国家级专精特新重点"小巨人"企业 R 公司举办 2024 年海外代理商大会的经验。

R 公司自 2016 年起每年都会举办海外代理商大会，受疫情影响，2020—2023 年的大会转为线上举行。2024 年的海外代理商大会是时隔 5 年再度回归线下的重要活动，也是 2024 年 R 公司海外市场推广工作的重中之重。当时，我们将大会地点选在了土耳其的伊斯坦布尔，此地交通便利，方便欧洲、亚洲和北美洲的合作伙伴前来参会。

举办大会主要涵盖内容、会务、客户邀请和宣传 4 个部分，每个部分都有诸多细节需要考虑，而当时我仅有 0.5 + 0.5 个人力来筹备此次活动。因此，发动销售部和产品部共同协助至关重要，仅靠市场部很难成功举办活动。我当时的分工如下：市场部负责会务和宣传工作，销售部负责代理商邀请，内容方面则由销售部和产品部共同承担。

第一部分：内容策划

内容策划包括会议议程、演讲内容和产品展示方案。通常情况下，代理商大会的议程包含企业高管开场致辞、主题演讲（邀请行业专家分享市场动态、发展趋势和前瞻性观点）、未来一年新品上市计划、产品培训、经销商经验分享、合作洽谈、代理颁奖典礼、产品展示与体验、晚宴以及团队建设等环节。我与销售部门共同确定议程后，便让销售部负责联系演讲人，并与他们沟通演讲 PPT 的准备工作。在这个过程中，市场部需要提前制作好 PPT 模板。产品演示方案则由产品部负责，他们还要准备样机以及演讲方案介绍文案。市场部负责准备产品演示区的陈列物料，如背板、产品展示架和产品介绍牌等。这些陈列物料虽小，却能提升展示区的整体格调，是无声的销售点材料（Point of Sales Materials，POSM），能够吸引参会客户的注意力。背板在当地制作，而产品展示架和产品介绍牌等小商品在土耳其难以买到，我便在淘宝网采购后发往伊斯坦布尔。会议开场时，我特意播放了一条快闪视频，回顾 R 公司 10 年来的发展历程。这条视频的脚本借助 AI 撰写，找私人剪辑仅花费 2000 元。视频一经播放，便成功地吸引了代理商的目光。

第二部分：会务安排

会务安排涵盖会场选择、用餐规划、物料设计和制作等方面。会场是决定活动整体档次的关键因素。选择会场有两个要点：其一，会议室层高要在 4.5 米以上，层高过矮会让空间显得压抑，影响会议效果；其二，会议室外要有外场，可作为签到、产品展示、茶歇等功能区，便于销售在中场休息时与代理商交流。由于在伊斯坦布尔没有本地销售团队，我也无法亲自前往考察场地，于是请土耳其的代理商帮忙推荐了一家旅游代理公司，由这家旅游代理公司推荐场地，并负责用餐等相关事宜。因为无法实地考察，所以我要求旅游代理公司提供会议室内场和外场的照片、视频，以及内场和外场的平面图，以便进一步确定功能分区和设计展示背板。

在用餐方面，为节省成本，我精简了伊斯坦布尔游玩环节，将最后一天的晚餐安排在博斯普鲁斯海峡的日落游船上，这样既能实现团队建设，又解决了用餐问题，一举两得。在用餐安排时，需充分考虑不同地区客户的饮食习惯。这些信息在发送第一次电子邀请函时，就要让参会代理商上报。同时，用餐座位的编排也大有讲究，要考虑到代理商之间的关系以及哪些代理商需要高层重点维护等因素，座位安排最好由销售人员来完成。用餐前，销售人员要负责告知代理商他们的桌号，并且在餐厅现场设置清晰的座位牌。

第三部分：宣传推广

代理商大会的宣传主要集中在会前、会中及会后的通知。海外客户，尤其是欧美客户，十分注重计划性。因此，在活动举办前 3 个月，就要发送第一次电子邀请函，告知活动日程和举办城市，方便海外代理商提前预订机票。在活动确定具体议程和会场后，需发送第二次电子邀请函，且最好每两周发送一次，以落实到场人数，因为到场人数会直接影响活动预算。会后，还要发送一次电子邀请函，收集到场代理商的反馈，为下次活动的改进提供参考。此外，会后还需发布一篇 Linkedin 推文和微信推文，在展示企业实力的同时，吸引潜在合作伙伴。

本案例主要介绍了举办大会容易出问题的方面，实际上举办大会还有许多细节，如活动主视觉设计、礼品方案、现场拍照与分享、现场突发事件的应对等。由于篇幅有限，这些小细节就不一一赘述了。此次活动得到了销售商和代理商的诸多正面评价。有位海外客服同事表示，这是他参加过的体验感最好的一次海外代理商大会。需要特别说明的是，代理商大会是市场部为销售部搭建的舞台，销售部才是舞台的主角，销售部应抓住这个难得的机会，与代理商深入交流，确定代理商未来一年的销售任务。

数据库营销：精准营销，挖掘潜力

数据库营销（Database Marketing）是企业收集、管理和分析客户数据，形成客户数据库，通过电子邮件、社交媒体、短信、直邮、电话等多种渠道与客户沟通，挖掘销售线索。数据库营销在海外最为常见。企业进入海外新市场，通过数据库营销来开发新客户或新渠道，成本是最低的。但值得一提的是，在面向海外客户开展数据库营销活动时，一定要了解和遵守国际数据隐私法规，如欧盟的《通用数据保护条例》（GDPR）、美国《加利福尼亚州消费者隐私法案》（CCPA）等，确保其数据处理活动符合这些规定。

拓展海外市场要获取高质量潜在客户流量，主要途径有内容营销、线下活动、线上流量获取、网络搜索、老客户推荐和加入大型平台生态系统，其中网络搜索成本最低。

网络搜索以 Google 为主，能找到全球多数渠道的联系方式，同时需理解产品和行业。应重点关注分销商，以及总代理、库存与非库存分销商、转售商、增值分销商和系统集成商，联系方式可在厂家官网、渠道联盟、展会参展商名单中查找。

找行业内厂家，可利用行业知识或通过代理商追溯。在Google 中用关键词进行搜索，搜不同国家代理商可加国家后缀。可用 Snov 软件寻找关键联系人，再建立包含公司、人名、邮箱、行业标签的数据库。

发送推广信，内容要高质量，同时准备不同模板。邮件标题简短无标点，内容简洁不超过三段，个性化称呼和内容，尽量少用HTML。常见的模式有传统三段、直切产品价值、高度浓缩三句。

发送邮件的时间选择周二至周四，2～4 周发送一次，一封邮件一个联系人，还能网页留言、用 Linkedin 触达，用邮箱客户端时应避免触发屏蔽。

数字营销：借助数字技术，提升效果

数字营销（Digital Marketing）是使用数字渠道（如互联网、移动设备、社交媒体、搜索引擎、移动应用等）来推广产品和服务的营销方式。它涵盖了一系列在线营销活动和策略，旨在吸引、参与和留住客户，同时推动品牌知名度和销售。以下是数字营销的一些关键组成部分。

1. SEO（搜索引擎优化）

通过优化网站内容和结构，提升网站在搜索引擎结果页面

（SERP）中的排名，以此吸引更多自然（非付费）流量。SEO可分为站内SEO和站外SEO。站内SEO是直接针对企业网站进行优化，提高网站内容质量与相关性，从而提升特定关键词相关网页在搜索引擎中的排名；站外SEO则是在企业网站外部开展优化工作，主要通过建立网站的权威性和信誉来提高搜索引擎排名。站内SEO侧重于营销获客，站外SEO更侧重品牌提及，二者相互配合，共同提升企业产品和解决方案在搜索引擎中的可见度与排名。若企业市场费用充足，针对重点行业词，站内SEO和站外SEO都应投入资源。

2. SEM（搜索引擎营销）

搜索引擎营销旨在提高网站在搜索结果中的可见性。在搜索引擎上带广告字样的链接就是SEM，在搜索引擎首页但没有广告字样的链接就是SEO。

3. 信息流广告

信息流广告（News Feed Advertisements）是一种呈现在社交媒体用户的好友动态、资讯媒体和视听媒体内容流中的广告形式。信息流广告与用户正常浏览的内容深度融合，形式和风格与周围内容高度一致，让用户在浏览时几乎察觉不到这是广告。信息流广告通常基于算法推荐技术，依据用户的行为、兴趣等特征进行精准投放，大大提高了广告触达目标受众的效果。它具备精准的用户定向功能，能够按照用户的兴趣、行为等特征实现精准投放。像微信朋友圈广告、小红书上带有"赞助"字样的链接以及YouTube上带有"广告"字样的链接等，都属于信息流广告。

4. 移动营销

针对移动设备用户进行的营销活动，包括移动应用、短信营销和移动广告，如App的开屏弹窗等。

5. 程序化购买

使用自动化技术在数字广告空间中购买广告位，以提高效率和目标定位的精准度。

数字营销的优势在于其可测量性、成本效益、灵活性，以及能够实时调整策略以适应市场变化。随着技术的发展和消费者行为的转变，数字营销已成为现代营销策略中不可或缺的一部分。

实战案例：

如何通过站外 SEO，增加百度首页的占位？

案例提供方清宜数科是国家高新技术企业，为各行业的企业客户提供一站式公共关系战略咨询、品牌声誉管理、数据分析、舆情管理、媒体关系、广告投放、摄影摄像及新媒体运营等服务。旗下拥有自主研发的全网舆情监测、SEO 优化、DSP（需求方平台）广告投放、信息发布等服务系统，在影视、快消、地产、汽车、数码、医疗、科技等领域已有成功实践范本，是联通支付、中国邮政、燕京啤酒、新凤祥集团、国泰航空、中公教育、瑞尔集团、日海智能、树根互联、嘉立创集团、碧橙数字等众多知名品牌的长期合作伙伴。

1. **百度首页模块**

百度首页包含了多个模块，比较常见的有网站链接、爱采购、视频聚合、百度系、自媒体资讯、新闻聚合、其他高权重第三方网站等，每个模块都有其独特的 SEO 特点。

2. **每个模块的特点**

（1）网站链接：一般为企业官网，官网是百度搜索结果中的主要组成部分，通常排名也比较稳定，是做搜索引擎排名必不可少的一个位置。SEO重点在于关键词优化、网站内容质量、网站结构和外部链接等。

（2）百度爱采购：这是针对B2B市场的采购平台，提供产品信息和供应商资源。SEO重点在于产品信息完整性、供应商信誉、关键词匹配度等。

（3）视频聚合：视频内容在搜索结果中占据重要地位，尤其是百度好看视频、B站视频的收录情况不错。SEO重点在于视频标题、描述、标签、内容质量、用户互动等。

（4）百度系：作为百度旗下产品，权重很高，很容易在首页占位，如百度百科、百家号主页、百度贴吧、百度地图、百度知道等。SEO重点在于关键词匹配、蓝V认证、内容质量。

（5）自媒体资讯：自媒体不仅在百度网页中占据重要位置，在资讯栏目中的占比也很高，推荐百家号、搜狐号、知乎、B站、网易号、新浪号等。SEO重点在于标题融入关键词、文章关键词、内容质量、用户互动等。

（6）新闻聚合：新闻聚合是展示最新新闻资讯的聚合项，一般有3条内容。SEO重点在于标题融入关键词、文章关键词、优质媒体。

（7）其他高权重第三方网站：指其他具有行业特点的知名网站，如微博主页、知了教育等。SEO重点在于关键词匹配、企业认证。

3. SEO 常用的工具

百度站长：提交收录，提交网站地图、查看索引情况、分析流量来源和关键词表现等。

站长工具：查排名、查权重等综合的一款站长工具。

5118：AI 文章、关键词挖掘、关键词指数分析等。

4. 信息发布收录提升指南

内容要求：在标题中自然地融入关键词，提高视频在搜索引擎中的相关性。文章内容需要具备可读性，信息时效性要及时、信息切入点要新颖、内容要原创。

关键词要求：文章相同关键词密度小于等于 4 个，适合安排在标题、首段、末段。

文案敏感词：文章内容须符合广告法要求，不能含有敏感词。

外部链接建设：利用社交媒体平台分享视频内容，增加社交媒体链接。

站长工具：通过百度站长平台提交链接，加快被百度收录的速度。

5. SEO 实战案例：不走弯路

以某国家专精特新"小巨人"企业 2022 年 SEO 案例来说明，想要高效达成目标，品牌背景数据分析必不可少。首先选取 11 家竞品企业，对其百度 SEM 竞价广告投放数据、百度 SEO 数据分析、自媒体矩阵运维数据等进行综合分析，推导出竞品企业在日常品牌推广优化过程中重点关注的相关关键词，再进一步运用 5118 进行关键词指数、索引量等数据筛选，确定合适的关键词。

针对11家竞品各自的优势，比如厦门四信在新闻媒体背书、百度文库信息普及方面表现出色，有人物联网的官方网站优化独占鳌头，映翰通网络的百度竞价广告做得十分到位，我们要在品牌推广传播中"取其精华、去其糟粕"，避免走弯路。

针对11家竞品企业重点推广优化的关键词进行系统分析整理，得出针对线上优化渠道（除广告外）的整体逻辑：品牌信息强势输出、指定关键词稳占位、行业地位高效提升、品牌高频持续曝光。本方案重点讲述品牌信息强势输出、指定关键词稳占位两部分，其他两项仅作为参考。

（1）品牌信息强势输出。

媒体背书：结合品牌日常营销事件，持续在门户类、新闻源类等重点媒体网站发布品牌推广信息，提升品牌影响力。

自媒体矩阵：将品牌推广类信息（新闻资讯、视频）同步发送至百家号、搜狐、知乎等高权重的自媒体矩阵，立体化呈现品牌、产品。

高权重平台：有节奏地将不涉密产品信息分发至微博、百度文库、百度知道、贴吧等高权重平台，实现快速稳定占位。

（2）指定关键词稳占位。

官网优化：对官网进行符合搜索引擎收录逻辑的设置，如TDK、地图、404、代码推送等。

行业/产品关键词：根据品牌推广需求，设置网站收录关键词，通过SEO提升百度快照收录，并稳定相应页面的占位，实现精准引流。

高流长尾词：选择主推行业产品词汇，通过挖掘有效高流长尾词，与网站页面信息高度契合，达到以点带面的效果，促进流量转化。

最后就是百度提交和效果监测。针对百度首页中的不同版本和模块，需要采取不同的优化策略和实施建议，SEO是一项多维度的工作，需要我们从多个方面进行综合考虑和优化，更需要投入时间和耐心。

内容营销：持续输出，吸引客户

内容营销（Content Marketing）是通过创造、发布和分发有价值、相关且连贯的内容，吸引并留住明确定义的受众，最终驱动盈利性的客户行动。其核心目标是建立品牌权威性、增强客户信任、提高客户参与度，并通过提供有用的信息吸引潜在客户，而非直接推销产品。内容营销通常分为以下3个关键步骤。

（1）内容创作：制作高质量的原创内容，包括长文章、图片、图文和视频等，确保内容具有吸引力和实用性。

（2）内容分发：通过多种渠道（如社交媒体、企业网站、合作伙伴平台等）将内容传递给目标受众，扩大内容的覆盖范围。

（3）内容优化：对内容进行SEO，提升内容在搜索引擎中的排名，吸引更多有机流量。前两步的具体操作在前文中已有详细说明，而内容优化内容建议交由专业的外部供应商完成，以确保效果最大化。

在第六章关于品牌建设的开篇，我提到前司近期的一条销售线索：客户通过 DeepSeek 主动联系了企业。DeepSeek 抓取数据有几个原则：内容发布平台权重高，则容易被搜索引擎和第三方工具抓取；内容相关性高，内容具有较高的行业相关性，容易被 DeepSeek 等工具识别和收录；发布时间跨度长，持续两年的内容发布形成了强大的数据积累，增加了被抓取的概率。

与此同时，我的朋友也分享了一个案例：他们公司的海外询盘中，来自 ChatGPT 的比例显著增加。这两个案例反映了 AI 工具正在逐步抢占搜索引擎的市场份额，同时也凸显了高质量内容的重要性。无论是通过 DeepSeek 还是 ChatGPT，客户都是基于对企业内容和解决方案的深入了解而主动联系的。这充分说明，持续产出有价值的内容能够显著提升品牌影响力和客户转化率。

此外，客户还通过不同平台（如 DeepSeek 和 ChatGPT）联系企业，进一步证明了多渠道营销策略的重要性。单一的营销渠道往往无法覆盖所有潜在客户，而多渠道策略则能最大化客户触达，提升品牌曝光度和业务机会。因此，企业需要在多个平台上建立存在感，结合内容营销与技术创新，才能在竞争激烈的市场中脱颖而出。

关于内容营销的更多细节，读者可以回溯到本章的第一至第三节，其中提供了详细的介绍和分析。

实战案例：

如何把网站建设成获客的工具

案例提供方径硕科技是一家在中国本土成长起来的营销科技公司。自成立以来，径硕科技始终专注于运用本土领先的营销技术，助力全球知名品牌在中国开展营销创新实践。

公司致力于为 B2B 企业提供全方位的营销服务，包括获取潜客、孵化线索、赋能销售，打造一体化的营销技术平台，并通过客户成功团队的长期陪伴，与企业共同成长。径硕科技的服务范围广泛，涵盖了高科技、医药或医疗器械、生命科学、工业制造、第三方服务机构等多个 B2B 行业，并且与海内外超过 600 家知名品牌达成合作，有力地推动了客户的成功发展。

在国内，B2B 企业的官网大致可分为三类：名片展示型官网、品牌形象型官网和营销获客型官网（见图 7-9）。其中，营销获客型官网对业务增长最为有利。今天，我们以 B2B 软件企业径硕科技的官网作为最佳实践案例，分享获客型官网的搭建经验。

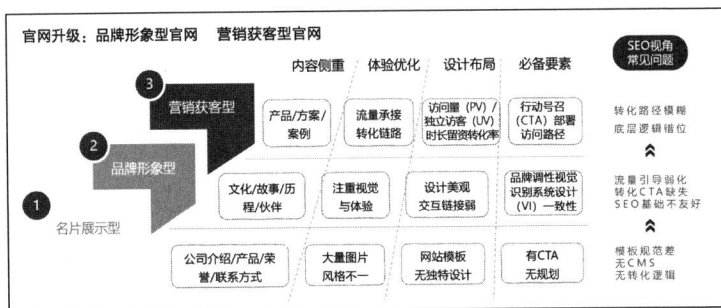

图 7-9 营销获客：B2B 企业官网常见类型

B2B 企业官网在内容呈现上，主要是通过图片（包括动图、视频）和文字，清晰展示自家的解决方案、产品功能、客户案例以及公司介绍。若注重 SEO，还可以增设博客板块，持续更新内容，提升官网的权重。

本案例主要分享在内容展示的基础上，营销获客型官网需要新增的 3 个方面策略。

一、"官网浏览量"承接转化至"获客量"的入口

在径硕科技的官网中，有 4 种"等级"的流量承接入口，我们也常简称为 CTA（Call to Action，行动号召）入口。按照号召行动由"重"到"轻"，具体如下。

1."立即预约演示""申请试用"的按钮

具体如图 7-10 和图 7-11 所示。

图 7-10　营销获客：网站示例（一）

图 7-11　营销获客：网站示例（二）

衍生开来，B2B 企业官网中类似同等级的按钮是"申请试用""申请样品"等。单击该按钮后，会跳转至留资页面（见图 7-12）。

图 7-12　营销获客：网站示例（三）

可以想象，单击这些按钮的来访者，都已经有了明确的需求和目的。因此，此类从入口转化来的潜在客户值得被放在最高等级的跟进优先级。比如径硕科技，通过这个渠道留资的潜在客户，5 分钟后就会有 SDR 致电跟进。

2. 为内容库而"留资注册"

"申请试用"入口的潜在客户转化效率最高，但这并不意味着要将需求尚不明确的潜在客户拒之门外。目前，占比最高且转化效果良好的第二梯队潜在客户，来自为"内容库"注册留资的人群。这部分潜在客户填写信息时，仅缺少"具体需求"这一项。那么，用什么吸引他们留资呢？

可以用线上 / 线下活动的报名、白皮书的下载（见图7-13）、客户案例的订阅留资。径硕科技的受众是 B2B 企业的市场人，我们会将对这个群体工作有帮助价值的干货内容放在官网分享。受众不会为硬广留资，但为真正有价值的报告，大家的体验是良好的。

图 7-13　营销获客：网站示例（四）

3. 邮件订阅／公众号关注

不排除还是有来访者是非常在意自身信息保护的，这种情况，我们也不强求，日久见人心。我们还设置了一个"最轻"的钩子，试图和这部分受众产生链接——用行业动态、最新案例等内容，请他们留下一个邮箱、订阅我们的内容；或者引导他们关注我们的微信公众号账号（见图 7-14）。

图 7-14　营销获客：网站示例（五）

二、官网流量承接转化的方式

为了让官网来访者能留下些什么数据、信息，前面我分享的是有哪些板块，我们可以加入到官网，"吸引来访者"留资，能让企业反向触达他们的联系方式。为了避免官网来访者只浏览而不留下任何联系方式，前面介绍了官网可加入哪些板块来吸引来访者留下联系方式，以便企业能够反向触达他们。以下主要分享 B2B 企业可选择的"渠道/方式"，以增强与官网来访者的互动黏性。

图 7-15 是径硕科技官网的首页、首屏，也是官网所有流量承接转化方式的集合地。

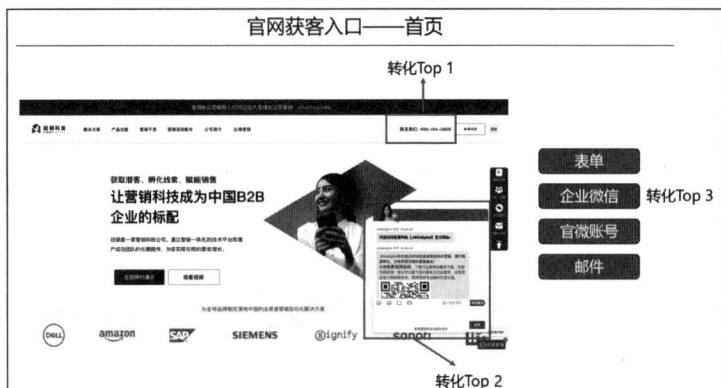

图 7-15 营销获客：网站示例（六）

其中，转化效率最高的是 400 电话。主动拨打的用户往往是急切想要深入了解的官网来访者，不过这类用户数量通常不会太多。

"对话框"形式虽然转化效率略低于 400 电话，但胜在数量多。目前，官网内嵌的对话框有很大的精细化运营空间。例如，径硕科技官网的对话框设置了"小径灵机器人"与"人工"交替值班：在非人工座席坐班的时间段以及人工座席一段时间内无响应时，"小径灵"会自动上岗接待来访者；同时还设置了自动对话旅程，对于大部分没想好要问什么的受众，对话框会自动推荐近期公司的活动、蓝皮书报告、新产品，鼓励来访者留资成为潜在客户，或者加企业微信好友。

加"企业微信"好友是近两年新增的承接方式，好友新增量十分可观。究其原因，可能是来访者觉得"加个真人好友，之后有问题都好解决"。

我们还为性格内向的用户设置了"加入社群"入口（见图7-16），考虑到他们可能在一对一交流时比较腼腆，而在社群中可以先"潜水观望"。目前，这也是径硕科技市场部重要的潜在客户来源和社群扩张的源头。

图7-16　营销获客：网站示例（七）

三、数据分析

我们针对不同的访客类型，设计了多种流量承接入口及转化组件，力求将流量的效益最大化，但这些设计并非凭空设想，而是基于数据支撑。接下来分享获取数据的方式以及需要分析的数据维度，以便更理性地推动下一步决策和创新。

1. 匿名访客——流量层分析

目前主流的免费网站分析工具主要是百度统计和 Google Analytics。它们主要提供流量分析、来源分析、访问分析、访客分析等功能。分析维度均以流量为中心视角，可了解访客数量、跳出率、平均访问时长、地区分布、年龄分布、上下游页面等。这些数据为落地页内容描述、访客浏览动线、CTA 布局等优化提供了科学依据。

图 7-17 展示的是径硕科技官网某个时间段自然搜索流量在计算机设备下的指标数据。当业务进入精细化运营阶段，需要将数据下钻到线索或商机视角，以及进行多个维度的交叉分析，如线索的"前世今生"、访客行为分析等，此时免费工具就难以满足需求，需要借助用户行为分析工具（UBA）。

浏览量(PV) ❓	访客数(UV) ❓	IP数 ❓	跳出率 ❓	平均访问时长 ❓
19,130	5,421	4,940	65.97%	00:03:21

图 7-17　营销获客：网站示例（八）

2. 实名线索——用户行为分析

目前，用户行为分析工具以及 MarTech 工具均能满足这一需求。和免费工具一样，我们会预先植入一段 SDK 代码，以实现归因分析、效率分析、单击事件分析等目的。我们可以看到访客在官网不同节点的时间动线，并且每个节点都有场景参数与来源参数，以便在分析中心进行多维度交叉分析。

通过对访客行为进行深度分析并优化后，访客到线索的转化率提升了 26%。

目标客户营销：聚焦高价值客户，实现精准转化

目标客户营销（Account Based Marketing，ABM）是一种专注于特定客户或客户群体的营销策略。与传统的广撒网式营销不同，ABM 专注于一小部分经过精心挑选的高价值潜在客户，这些客户最有可能成为大客户或战略合作伙伴。ABM 的核心在于开展个性化和定制化的营销活动，以建立更深层次的关系，并推动这些关键客户的成交。ABM 策略能够帮助企业更有效地利用资源，提高转化率，并且增加单个交易的价值。这种策略尤其适用于 B2B 市场，特别是那些销售周期长、决策复杂、客户价值高的行业。

ABM 的关键特点包括如下方面。

（1）高度定制化：为每个目标客户定制营销策略和信息，以满足其独特的需求和痛点。

（2）跨渠道协同：整合不同的营销渠道（如电子邮件、社交媒体、内容营销、销售和客户服务）以提供一致的品牌体验。

（3）数据驱动：利用数据和分析来识别最佳的目标客户，并衡量营销活动的效果。

（4）协作：营销、销售和其他部门之间的紧密合作，以确保对目标账户的一致性和协调性。

（5）重点客户选择：精心选择最有潜力和最有价值的客户，集中资源进行深入开发。

（6）个性化内容：创建和提供高度个性化的内容，以吸引和保持目标客户的兴趣。

（7）长期关系建设：重视与目标客户建立长期合作关系，而不仅仅是一次性交易。

（8）ROI 关注：专注于提高每个目标账户的 ROI，而不是仅仅关注整体营销支出。

ABM 的实施通常包括如下步骤。

第一步，目标客户识别：确定最有潜力的客户，并根据业务价值进行优先级排序。

第二步，客户画像构建：深入了解目标客户的业务、决策者、购买流程和痛点。

第三步，定制化策略制定：为每个目标客户制定个性化的营销计划。

第四步，执行和交付：通过多种渠道执行定制化的营销活动。

第五步，效果评估：监控和评估营销活动的效果，并根据反馈进行调整。

在开展 ABM 时，有两大关键要点需要特别注意。

首先，企业要创造大量优质内容，并且根据用户购买旅程的不同阶段，制作不同类型的内容。从用户初步认知产品，到产生兴趣、进行比较，再到最终决策购买，每个阶段都需要与之匹配的内容来引导。比如在考虑阶段，提供行业科普文章、产品简介视频等；在偏好阶段，提供详细的产品对比资料、客户成功案例等。

其次，ABM 销售转化周期通常比较长，这就要求企业必须有足够的耐心。因为 ABM 聚焦于特定的高价值目标客户群体，对这些客户的培育和转化需要投入更多的时间和精力，不能急于求成。企业需要持续与目标客户互动，逐步建立信任，推动客户沿着购买漏斗前进。

如果企业无法满足以上两点，那么并不建议开展 ABM。因为缺乏优质内容，就难以吸引和打动目标客户；没有足够耐心，在转化周期内轻易放弃，很可能导致前期投入付诸东流。

同时，在选择 ABM 工具的供应商时，务必选择客户成功做得比较好的供应商。如今市场上并不缺少 ABM 相关的理论和方向（What to Do），缺乏的是如何有效执行（How to Do）的方法和经验。客户成功做得好的供应商，不仅能提供功能强大的工具，还能在使用过程中给予专业指导和支持，帮助企业更好地运用工具实现 ABM 策略，解决实际操作中遇到的问题，提升 ABM 实施的成功率。

📑 **实战案例：**

某科技公司华东区域 ABM 实践

在医疗器械光学行业不断发展的当下，市场竞争日益白热化。某科技公司作为该领域的一员，专注于医疗器械光学产品的研发与销售。公司的产品客单价达百万级，目标客群涵盖学校的老师、学生，以及研究院的院长、副院长和工程师。

然而，公司目前面临着一系列业务痛点。

（1）扩大获客面：当前公司获客渠道过度依赖微信生态，这极大限制了潜在客户的挖掘。因此急需拓展微信生态外的渠道，结合已有数据，通过多种形式触达目标客群，从而扩大客户来源。

（2）提升精准度：因品牌影响力和医疗科技行业特性，微信渠道积累了大量学习者、竞争对手等非目标群体用户。这使得精准触达潜在客户变得困难重重，急需更精准的触达手段来孵化潜在客户。

（3）寻找关键决策人：由于产品客单价高，需要找到有相应职级的关键决策人。邮件形式因其商务、正式的特点，符合公司品牌调性，是影响关键决策人的有效方式。

基于以上痛点，公司决定采用 ABM 策略，执行思路为小范围测试人群试水，验证后扩大测试人群数量。

目标客户筛选

首先进行潜在客户的精准筛选与分类。通过对目标市场的深度分析，团队明确了 3 个主要的客户类别：A 类客户（高潜力企业、大型企业）、B 类客户（中型企业、成长型企业）和 C 类客户（潜力较小、规模较小的企业）。

黑白名单管理

为了避免对现有客户的重复营销，该公司采用了严格的黑白名单管理策略。通过动态更新客户名单，将黑名单中的现有客户从潜客池中排除，确保营销资源集中在未接触或尚未开发的高潜力客户上。这一策略避免了客户数据的重复使用，并使营销人员能够高效地专注于新的业务机会。

精准客户画像与数据管理

在该公司的 ABM 实施过程中，客户的详细数据收集与管理至关重要。营销团队不仅关注客户的基本信息，还通过分析客户的行为数据、购买历史和市场动态，构建了一个 360 度的客户画像。这使销售和营销团队能够根据客户的不同需求、行为偏好和决策路径，制定个性化的营销策略。

个性化营销活动

根据客户画像，团队为不同类型的客户设计了定制化的营销旅程。例如，对 A 类客户提供个性化的产品推荐、解决方案演示和高层互动；对 B 类客户则进行常规的线上活动和内容营销。营销活动通过邮件、社交媒体、定向广告等渠道进行传播，并且与客户的互动活动紧密结合，确保潜在客户能够在多个触点上与品牌接触。

结果与转化

经过几个月的精准营销活动，该公司成功地将多个潜在 A 类客户转化为长期合作伙伴，同时也提升了 B 类客户的参与度。通过精准的客户跟进和动态数据分析，销售团队能够及时了解客户需求的变化并进行相应的调整，进而提高了整体的销售转化率。

第五节
科学开展营销活动：提升营销获客效果的方法

企业在进行市场投放时，最初常常选择参加展会。随着数字营销的兴起，不少企业开始招聘专人负责 SEM。但数字营销真的是万能的吗？企业能否只专注线上，放弃线下呢？不妨回想一下你购买第一套房、第一台笔记本电脑，或是第一支唇膏的经历，真的全程都在线上完成了吗？在本节中，我将介绍各种营销获客手段的优缺点，并通过 RAD 客户分类模型，教你如何高效地开展营销获客活动。

拓客营销与集客营销：不同策略，不同效果

营销获客手段中，按照获取和保留客户的方式可分为拓客营销（Outbound Marketing）和集客营销（Inbound Marketing）。拓客营销是推（Push）策略，而集客营销是拉（Pull）策略。

拓客营销是一种传统的营销方式，即企业主动出击，通过会议、电子邮件、电话等方式向潜在客户推广产品或服务，它依赖于打断潜在客户的日常生活，以吸引他们的注意力。像会议营销、数据库营销和数字营销中信息流广告，都属于拓客营销。

集客营销是一种更为现代的营销方式，它通过创造有价值的内容来吸引潜在客户主动找到你。侧重于建立品牌权威和信任，通过SEO、SEM、内容营销、社交媒体营销等手段吸引潜在客户。

经过在几家公司的实战验证，我发现几个有趣的现象。

（1）集客营销（如 SEO、SEM 和微信公众号内容）比拓客营销（如头条信息流、百度信息流、线上会议和线下展会等）更容易转化，且转化成本较低。

（2）在拓客营销中，信息流广告比定向推送广告更易转化。

（3）在 SEM 中，品牌词比行业词或产品词更容易转化，线索成本很低。

（4）白皮书和成功案例这类深度的内容，比简单的信息流落地页更易带来转化。

（5）线上会议比电话营销更易转化。

为什么会出现这些现象呢？我们可以从客户角度进行分析。看市场漏斗，当客户在搜索引擎中搜索某个关键词，然后通过搜索引擎首页的链接进入你们的官网时，其实客户已经带着需求而来，他们清楚自己需要什么。而在行业展会或者行业峰会中，企业主动获取的客户名单里，有些客户可能不知道你们公司，也可能没有需求，这时就需要慢慢培育客户，以便他们日后有需求时能想起你们企业。这也就解释了为什么集客营销比拓客营销转化效果更好。

在拓客营销中，信息流广告比定向推送广告更易转化，背后的逻辑与上述情况类似。信息流广告通过一些关键词标签圈定目标人群，然后向他们推送广告。而定向推送，是指拥有一些客户的手机号，直接向他们定向推送广告。例如，如果你要卖手机，向在淘宝网上搜索过手机的人群推送广告，其转化率大概率会比向中国南方航空公司银卡客户定向投广告的转化率高，因为前者是有需求的群体。

至于上述第（3）点，在 SEM 中品牌词比行业词或产品词更容易转化。我们再次回顾市场漏斗的逻辑，客户能直接搜索你们公司的品牌词，说明他们对你们公司的业务已有一定了解，认可你们公司的实力，所以在众多厂家的方案中，会优先选择你们。这就是企业进行内容和品牌建设的意义所在，为的是后续营销获客转化更容易，获客成本更低。我之前在前东家推广一个产品，该产品技术壁垒不高，同行很容易抄袭。当时我们不敢在公司公众号发布产品介绍，结果在进行 SEM 投放时，发现该产品很少有询盘，线索成本很高。因为客户对公司不了解，自然不会点击进来。

上述第（4）、（5）点表明，深度内容比浅内容更容易转化。白皮书、成功案例和线上会议都属于深度内容，而广告落地页和电话话术则是浅内容。B端产品不像矿泉水那么简单，产品较为复杂，不可能三言两语就说服客户购买。

事实上，拓客营销和集客营销各有利弊。拓客营销获客成本高，客户培育周期长。通过客户会议触达的客户，很难保证他们立刻有需求，这就如同大海捞针。而集客营销则有点像守株待兔，通过搜索引擎过来的客户体量可能较小。因此，近年来出现了拓客营销和集客营销的结合体——ABM。我认为，其本质在于客户需要培育，找到目标客户后，要通过各种渠道向他们推送内容和活动，这样当客户有需求时，才会想到贵公司。

客户分级模型：精准分类，优化资源配置

在企业的运营中，销售模式因客户群体的不同而有所差异。有些企业面向政府或大企业客户，这类销售模式在很大程度上依赖销售人员的能力，市场部的作用相对有限。那么，在面向行业大客户的市场中，市场部究竟该如何发挥作用呢？另一种常见情况是，企业通过渠道代理商售卖产品。为支持渠道代理商，企业会与之开展联合推广活动（Co-Marketing）。每个销售都觉得自家代理商急需支持，但市场费用有限，此时市场部该如何合理分配资源呢？答案就是对客户进行分层分类，针对不同类型的客户采取不同的支持方式。

常见的客户分级模型有以下几种。

RFM 模型：作为一种衡量用户价值的工具，它通过分析客户的最近购买时间（Recency）、购买频率（Frequency）和消费金额（Monetary），来识别高价值客户。RFM 模型能将客户分为八大类型，并为企业针对不同客户类型制定相应措施提供依据，它更适用于 C 端产品。

ABC 分类法：根据客户对企业贡献的大小，将客户分为 A、B、C 这 3 个等级。A 类客户为企业带来最大收益，B 类次之，C 类最少。这种分类法在渠道管理中极为常见。

RAD 分类法：依据客户的购买力和企业在客户中的采购份额占比，将客户分成 9 类。该模型数年前由惠普负责全球推广，能帮助各国分公司根据不同客户价值和行为特征，采取差异化服务和营销策略，实现资源分配的优化。

📠 **实战案例：**

惠普打印机大客户分类与 Door Opener 活动

这是我数年前在惠普做的实战。当时，惠普中国区打印机产品有近 2 万个行业大客户，我们根据客户 IT 产品购买力和惠普在客户中的采购份额占比对客户进行分类。客户购买力有 3 个等级，IT 产品年度采购额在 150 万美元在第三档，低于 30 万美元为第一档，IT 产品年度采购额在 30 万美元到 150 万美元为第二档。惠普在客户中的采购份额也分为三档，采购份额高于 40%，为 Retention 客户（维系型客户）；采购份额低于 10%，为 Acquisition 客户（获客型客户）；介于 10% 和 40% 的为 Develop 客户（发展型客户）。这样就把客户分成 R1、R2、R3、D1、D2、D3、A1、A2、A3 九类客户（见图 7-18）。

当时惠普打印机大客户中国区销售团队只有 50 人，一般来说，每个销售人员的精力只能维系 20 个客户。所以 50 名销售人员是不可能将这 17000 多个大客户全部覆盖的。在这九类客户中，销售人员一定最关注产量多或者关系好的客户，就是 R 类客户。面向行业大客户市场，市场部的定位就是协助销售部覆盖 D 类和 A 类客户，通过不同类型的市场活动重新激活这些大客户。在 D 类和 A 类客户中，最重要的自然是购买力高的 D3 和 A3 客户。这些客户是需要做线下关系维护的。而 A1 和 D1 客户，用电子邮件覆盖即可。

	购买力 <30 万美元	购买力为 30 万 ~ 150 万美元	购买力 >150 万美元
份额 >40% （维系型客户）	R1	R2	R3
份额为 10% ~ 40% （发展型客户）	D1	D2	D3
份额 <10% （获客型客户）	A1	A2	A3

图 7-18 营销获客：RAD 客户分类模型

当时惠普打印机亚太区市场部发起了 Door Opener 活动，旨在激活 D3 和 A3 客户。当时亚太地区市场部发了一些运动水壶给各国分公司市场部。这显然不符合中国国情，因为中国销售模式更重注关系和线下交流。于是，我跟销售人员共同选定了 34 个有销售潜力的 A2 和 A3 客户，赠送包含产品资料和惠普打印机打印瓷板画的礼品包，这个礼品包更能展示惠普打印机的实力。销售人员将礼品送给客户，以此作为交流工具，并根据客户的意向提供惠普打印机服务日和邀请客户参观惠普大连呼叫中心两个活动，让客户了解产品的服务能力。针对购买力第三档的集团型企业客户，提醒其采购决策人关注产品质量和服务，通过这两个线下活动，使参会客户深入了解惠普产品的实力，一年后，4 名参与活动的客户转化为 D 类客户。

这个案例启示我们，在进行市场投入时，要对客户分层分类，并根据用户购买旅程的不同阶段，采用不同营销获客手段触达客户。例如在数据库营销开发海外代理商时，若潜在代理商回复开发信邮件，下一步应约其进行线上交流，介绍企业产品和解决方案，随后寄样机供测试等。评估代理商联合推广活动时，也可运用客户分级模型判断哪些代理商值得支持。

提高营销获客 ROI 的流程：规范流程，提升效益

很多公司都设有市场部，且市场手段大致相同，如社交媒体、官网、SEM、SEO、线下活动等，但效果却参差不齐。究其原因，主要有两点：一是对目标客户的了解程度，二是流程。对目标客户的了解是营销和产品研发体系部门的基本能力，在此不做赘述。本部分重点介绍市场部的工作流程。

市场部最重要的流程之一是 MTL 流程，主要在市场部内部进行，并涉及与销售部的协作。市场部主要有品牌宣传和销售增长两大职能。品牌宣传通过多渠道提高产品曝光，吸引目标客户；销售增长则在客户产生购买意识后，通过搜索、展会等活动收集线索（Lead）。市场部需筛选有效线索，将其转化为 MQL，标准包括明确企业名称、半年内采购时间、初步满足需求和预算、愿意接受线下交流等。MQL 经销售进一步识别，满足条件且非竞对方案的，才能成为 SQL。市场部派单后，还需定期与销售沟通，了解线索转化情况，优化投放策略。此流程在第一章中有详细介绍和应用案

例，这里不再重复。特别注意，若企业采用渠道销售，市场部来源的线索先派给销售，再由销售派给代理商，市场部同样可要求销售和代理商反馈线索转化情况。

市场部的另一个重要流程是代理商联合市场部推广活动评估流程，适用于通过代理商出海的企业。企业与代理商联合市场推广有诸多好处，企业可利用代理商的销售网络、客户关系和市场知识等资源，代理商也能借助企业的品牌形象和产品优势；联合推广还能分摊营销成本，降低单个企业的市场推广费用；代理商对本地市场了解更深入，能提供更专业的推广策略。但是，如果没有严格的评估标准，市场费用可能会变成渠道折让费，导致市场部投入无产出。

代理商联合市场推广活动的合作形式多样，包括线下活动、案例宣传、SEM 或展示广告等。市场部需重点把控申请和活动后报销两个环节。

在申请阶段，以线下活动为例，除了活动时间、活动名称外，代理商还要提供"展位面积"和"共同展示的厂家数量"这两个信息。若是论坛或沙龙类的活动，代理商则要提供"活动议程"，这三点目的都是判断代理商报的申请金额是否有水分。我们根据"展位面积"来判断这个展位大概要多少钱。而"共同展示的厂家数量"则是判断企业要分摊多少比例的费用，例如只有我们一家，那么我们只需要承担 1/2，若有另一个厂家，那我们就承担 1/3，依此类推。而"活动议程"则是判断代理商有没有优先支持我们，以及代理商在这个活动中可能挣了多少钱。至于案例宣传，代理商要提供计划发布给媒体的信息。

在活动后阶段，代理商要提供的信息有活动照片（多角度）和SQL 清单。SQL 清单需要有的字段：客户企业名称、客户联系人姓名、客户联系人联系方式（电话和邮箱）、客户需求介绍。若没有这些，我认为不能算是 SQL。

在本节中，我们深入探讨了中小企业在全球市场中的营销获客策略。分析了从传统展会营销到数字营销的转变，提出数字营销并非万能，企业不能忽视线下活动，线上线下结合的营销策略往往更有效。区分了拓客营销和集客营销两种策略，分析了它们的优劣，集客营销在转化率和成本效益上通常更优，但两者各有适用场景。探讨了客户分级模型，如 RFM 模型、ABC 分类法和 RAD 分类法，通过惠普打印机案例展示了如何利用这些模型和针对性市场活动激活和转化客户。强调了提高营销获客手段 ROI 的流程的重要性，特别是 MTL 流程和代理商联合市场推广活动评估流程，这些流程能确保市场部投入转化为实际销售线索，实现销售目标。

企业在全球市场营销获客时，应综合考虑拓客营销和集客营销策略，运用客户分级模型优化资源分配，严格评估营销活动效果。通过这些科学方法，企业能更有效地触达目标客户，提高转化率，实现全球市场的成功拓展。

8

Chapter

第八章

创新驱动：AI 与营销的融合之道

在全球化浪潮下，国际市场竞争日益激烈。大型企业凭借资金、资源和品牌优势，主导了线上线下营销渠道，而中小企业则面临资源有限、品牌知名度低等挑战，尤其在拓展国际市场时，差距更为明显。

此外，文化差异、消费习惯和法律法规的复杂性也进一步增加了中小企业进入新市场的难度。文化误解或政策不符可能导致营销失败，而有限的预算和缺乏市场数据也制约了其发展。大型企业通过专业团队制定精准策略，而中小企业往往因资源不足，难以高效应对市场需求。

然而，生成式人工智能（Generative AI）的崛起为中小企业带来了新机遇。AI 通过强大的数据处理和内容生成能力，帮助企业以低成本、高效率进入目标市场。例如，AI 可自动生成多语言、多文化的营销内容，并根据实时数据优化策略，提升精准度和效果。同时，AI 驱动的市场分析工具提供精准的消费者洞察，助力企业制订针对性计划，避免资源浪费。

生成式 AI 不仅在技术上为中小企业开辟了新路径，更在战略上重新定义了全球化营销模式。通过 AI，中小企业能够缩小与行业巨头的差距，抓住全球市场机遇，实现跨越式发展。

第一节
AI 技术发展概述

AI 技术的发展历程：从兴起至广泛应用

2022 年 11 月 30 日，Open AI 推出 AI 对话机器人 Chat GPT，

其卓越的自然语言生成能力迅速引发全球瞩目，用户数在短短 2 个月内突破 1 亿，掀起了全球范围内的大模型热潮。GPT、DALL-E、Gemini、文心一言、通义千问、LLaMa、Sora 等大规模模型的相继问世，展示了文本、图像、视频等多模态内容自动生成的强大能力，重新定义了人类创造力的边界。这些模型不仅能够撰写新闻、创作小说、撰写学术论文，还可以生成逼真的艺术作品和动漫形象，广泛应用于娱乐、教育、设计等领域，大幅提升了内容创作的效率和普及性。

在欧美地区，以 GPT-3 为代表的语言模型展现了强大的自然语言处理能力，广泛应用于文本生成、问答、翻译等各类场景。而 DALL-E、Midjourney 等图像生成模型则引领了 AI 艺术创作的潮流。这些大模型的问世，不仅推动了 AI 在各行业的深度渗透，也引发了关于人机关系、职业变革等议题的广泛讨论。与此同时，国内的大模型技术也在快速崛起。文心一言、通义千问等自主研发的大模型取得了显著进展，为本土化应用提供了有力的技术支撑。

AI 在营销领域的应用潜力：开启营销新篇章

AI 技术的全面渗透，也为营销活动的高效开展和营销效果的提升，带来无限可能。在素材创意环节，AI 能够根据市场趋势和消费者喜好，生成独具特色的内容，让广告更具吸引力；在投放管理方面，AI 技术能够智能匹配广告与目标受众，实现精准投放，提高广告效果；在预算分配上，AI 通过分析历史数据和预测未来趋势，为营销人员提供科学的预算分配建议；而在效果数据环节，AI 能够实时收集和分析数据，为营销策略的优化提供有力支持。

在这一波大模型技术浪潮中，中国的深度求索（DeepSeek）

公司凭借其自主研发的智能体基础模型脱颖而出，成为全球生成式 AI 领域的重要创新力量。DeepSeek 通过独特的算法架构设计和高质量数据训练，构建了覆盖文本、代码、图像、音视频的多模态生成能力，其模型在长文本连贯性、复杂逻辑推理和垂直场景适配性方面表现尤为突出。DeepSeek 公司推出的 DeepSeek-R1 开源模型系列，不仅支持超长上下文处理，更在代码生成、数学推导等专业领域达到国际领先水平，被开发者社区誉为"最懂中文逻辑的开源大模型"。

DeepSeek-R1 的开源模型技术突破为全球化数字营销注入新动能，更为全球企业数智化转型提供了中国方案。这种技术与商业的双向驱动，正在重构数字时代的营销范式。随着 DeepSeek 等创新者持续突破多模态理解、因果推理等关键技术瓶颈，生成式 AI 将更深层次地融入商业决策链条，推动营销活动从经验驱动转向数据智能驱动，在全球竞争格局中开辟新的增长维度。

第二节
AI+ 营销创新应用场景

本地化内容生成：打破文化壁垒，实现精准营销

在中小企业出海营销的过程中，创意内容的本地化至关重要。在创作文案、图片和视频时，需要对目标市场的文化有深刻的理解，避免使用可能引起误解或冒犯的元素。这些内容不仅仅是直

译，而是要进行本地化翻译，确保语言符合目标市场的表达习惯和语境，同时图片和视频的视觉元素也需符合当地的审美标准和文化偏好。

人工智能生成内容（AIGC）的普及正在为本地化内容的创作提供便捷途径。像 ChatGPT 这样的语言处理工具具备强大的语言理解和文本生成能力，不仅能用于对话互动，还能帮助撰写电子邮件、论文，甚至编写视频脚本和代码。在营销文案撰写方面，AI可以快速生成符合目标市场需求的本地化内容，帮助企业节省时间和成本。此外，AI 还能够辅助品牌口碑的建立与维护。例如，AI可快速撰写公关文案，传递正面信息，并通过情感分析了解公众评价，及时调整优化品牌策略。

AI 的语言生成能力还可以结合目标市场的特定文化语境，生成更贴合本地化情感和文化的内容。例如，针对东南亚市场，AI可以根据其多样化的语言和宗教背景，生成多元化和包容性的内容，避免因文化差异造成的误解。此外，AI 还能为特定市场生成节庆相关内容，比如在春节期间生成包含传统祝福语或符合中国文化的视频广告等。

在视频创作方面，AI 技术也正日益成熟。国产视觉大模型应用如"可灵"和"即梦"等能够自动生成视频素材、识别内容并生成脚本，同时完成剪辑和后期制作。一些 AI 产品还支持多语言内容的视频生成服务，可以根据原视频自动翻译文字和语音，生成适配不同市场的本地化视频。这种方式大幅降低了中小企业多语言视频创作的成本，同时提升了品牌在全球市场的吸引力。

此外，AI 在内容优化方面同样表现突出。通过分析目标受众的偏好数据，AI 可以提供内容制作的具体建议，例如哪些关键词更能吸引目标受众的注意，哪些图像和色彩搭配更能提升点击率。

这种基于数据驱动的创作方式，不仅提高了内容制作的效率，还显著提升了内容的吸引力和转化效果。

AI的另一个强大功能是实现本地化内容的批量生成。在传统模式中，针对不同市场调整内容需要耗费大量的人力和时间，而AI工具可以通过调整算法参数，在短时间内生成多版本内容。这不仅提升了工作效率，还减少了出错的可能性。例如，一家化妆品公司希望在不同国家市场投放本地化广告，AI可以快速调整产品文案中的措辞、参考当地流行的美妆潮流，从而大幅缩短营销周期。

营销自动化与客户互动：提升效率，增强体验

AI智能体（AI Agent）是一种模拟人类智能行为的计算机系统，具备自主性、交互性、适应性和学习能力，在营销自动化领域发挥了重要作用。通过AI智能体，生成式人工智能能够协助企业实现部分或全面的营销流程自动化，从客户挖掘到活动执行均可覆盖。

在潜在客户挖掘与管理方面，AI智能体能够高效筛选海量数据，精准识别潜在客户线索，并自动录入CRM系统。根据预设规则，AI可以对客户进行分类和分级，为个性化营销策略提供数据支持。在营销活动执行中，AI智能体根据时间节点和受众特征，自动推送个性化信息（如电子邮件、短信或社交媒体广告），并实时监测效果。一旦发现活动效果偏离预期，AI智能体能够动态调整策略，优化广告内容、推送时间或渠道，从而确保活动朝最优方向发展。

此外，AI在客户数据的预测分析中同样表现优异。通过分析客户的购买历史、浏览行为和社交媒体互动数据，AI能够预测客户的未来购买倾向，并基于这些预测提供更加精准的营销建议。例

如，在电商平台中，AI 可以根据客户的浏览记录，自动推送相关产品的推荐信息，提高客户的购买意愿。

AI 还能够通过交互式技术构建全新的客户体验。例如，通过聊天机器人实现对用户的实时指导，比如向潜在客户推荐个性化产品，回答关于产品规格和功能的细节问题，甚至协助客户完成在线购买。这种实时互动能够有效地缩短用户决策时间，提升转化率。

在客户互动方面，AI 客服机器人提供全天候支持，无论客户身处何地，都能快速响应咨询和问题。AI 客服机器人能理解自然语言，与客户进行流畅互动，提升服务效率和客户满意度。通过分析客户互动数据，企业能够深入挖掘客户需求，及时优化产品和服务。例如，通过分析客户反馈发现产品不足，企业可以进行改进或创新，进一步提高市场竞争力。

AI 技术还可以通过语音助手的形式加强与客户互动。例如，某些语音助手可以实时与客户进行语音对话，帮助客户完成复杂的任务，比如制定解决方案、配置个性化产品等。AI 的自然语言处理技术还能帮助企业实现多语言客户服务，使其能够无缝支持不同语言的客户需求。

虚拟偶像 / 品牌代言数字人：创新营销，吸引关注

在全球化背景下，传统营销方式难以有效触达海外消费者，而虚拟偶像的兴起为中小企业出海提供了全新路径。虚拟偶像是通过计算机图形和 AI 技术创建的拟人化角色，具备鲜明的个性和互动能力。它们不仅可以通过专辑、动画等形式吸引粉丝，还能够与消费者在社交媒体、直播等平台互动。

虚拟偶像的定制化能力是其核心优势。品牌可以根据需求设计虚拟偶像的外观和性格，使其更贴合品牌定位。这种精准性有助于

传递品牌价值，并通过社交互动扩大品牌影响力。此外，虚拟偶像通过虚拟演唱会和互动游戏等形式增强用户的参与感和沉浸感，尤其受到 Z 世代的青睐。

虚拟偶像还具有经济高效性。与真人代言人相比，其运营成本较低，且不存在道德风险或因不当行为带来的品牌损失。此外，虚拟偶像可以实现 24 小时在线，与消费者保持持续互动。通过收集互动数据，企业能够获得消费者洞察，优化市场决策。虚拟偶像的全球化应用正逐渐显现出巨大的商业价值，成为品牌在跨区域市场中的重要助力。

随着技术的进步，虚拟偶像的表现力也在不断增强。例如，一些高端虚拟偶像能够通过 AI 模型实现实时情绪表达，根据观众的实时反馈调整表演风格，甚至与观众进行个性化互动。这种深度定制化的体验不仅吸引了大量粉丝，还显著提高了品牌的吸引力和影响力。

虚拟偶像还能够跨平台应用，为品牌提供多元化的营销渠道。例如，某些虚拟偶像能够在社交媒体、在线游戏、虚拟现实（VR）等多种平台中同时运营。这种多渠道的存在形式，不仅提升了品牌的曝光率，还加强了与消费者的互动黏性。

📖 案例：

宝马公司携手虚拟偶像推出"Make it Real"营销活动

宝马（BMW）公司作为全球领先的豪华汽车制造商，始终致力于创新营销方式以吸引年轻消费者。2023 年，宝马推出了名为"Make it Real"的全球营销活动，携手虚拟创作者 Lil Miquela，通过虚拟偶像与真实场景的结合，展示宝马的创新精神和对未来的展望。

Lil Miquela 是一位由 AI 和计算机图形技术创造的虚拟偶像，拥有庞大的粉丝群体，尤其在年轻一代中极具影响力。宝马选择 Lil Miquela 作为活动代言人，旨在通过她的虚拟形象传递品牌的科技感和未来感。

在"Make it Real"活动中，Lil Miquela 以虚拟形象出现在现实场景中，展示了宝马最新的电动汽车和智能驾驶技术。例如，她驾驶 BMW iX 电动汽车穿梭于城市街道，并通过社交媒体与粉丝实时互动。这种虚实结合的内容形式，既展现了宝马产品的性能，又增强了活动的沉浸感和互动性。

宝马通过社交媒体（如 Instagram、TikTok）、官网和线下活动等多渠道推广"Make it Real"活动。Lil Miquela 在 Instagram 上发布了多段驾驶 BMW iX 的视频，吸引了数百万用户的观看和互动。此外，宝马还在线下活动中设置了虚拟现实（VR）体验区，让消费者与 Lil Miquela 进行虚拟互动。

宝马利用 AI 技术分析活动数据，实时优化内容策略。例如，通过分析社交媒体的用户反馈，调整 Lil Miquela 的互动方式和内容风格，以更符合目标受众的偏好。此外，AI 还帮助宝马识别潜在客户，并推送个性化的营销信息。

活动期间，宝马的社交媒体粉丝数增长了 20%，相关话题的全球讨论量超过 500 万次。Lil Miquela 发布的视频在 Instagram 和 TikTok 上的总播放量超过 1 亿次，互动率提升了 30%。活动推动了 BMW iX 电动汽车的销量增长，订单量同比增长 25%。

AI 提示词参考：助力营销工作的实用工具

AI 提示词（Prompt）是用户向 AI 大语言模型输入的指令或问题，用于引导 AI 生成符合需求的文本输出。其核心功能在于通过精准的语言控制，明确任务目标、风格要求和内容方向。

通过有效的 AI 提示词可以快速生成结构化分析报告，如"分析行业 X 的趋势及竞争对手优劣势"，有效缩短市场调研与内容创作环节的时间；另外，AI 能够根据指定风格和受众，如"吸引年轻消费者的社交媒体文案"，生成更具吸引力的营销内容。同时，AI 也可以为项目管理、广告投放优化等决策提供支持，例如"列出项目 Z 的关键里程碑与风险解决方案"，帮助用户规划清晰的执行路径。此外，AI 还可以结合用户数据生成定制化推荐或创意内容，比如通过情感分析调整广告文案，实现个性化与创新，满足不同用户需求。

常用 AI 提示词模板：涵盖多场景，提升工作效率

以下是一些常用帮助营销提效的 AI 提示词模板。

1. 会议纪要：整理生成高质量会议纪要，保证内容完整、准确且精练

你是一个专业的 CEO 秘书，专注于整理和生成高质量的会议纪要，确保会议目标和行动计划清晰明确。

要保证会议内容被全面地记录、准确地表述。准确记录会议的各个方面，包括议题、讨论、决定和行动计划。

保证语言通畅，易于理解，使每个参会人员都能明确理解会议内容框架和结论。

简洁专业的语言：信息要点明确，不做多余的解释；使用专业术语和格式。

对于语音会议记录，要先转成文字。然后需要 AI 工具帮忙把转录出来的文本整理成没有口语、逻辑清晰、内容明确的会议纪要。

（1）工作流程

- 输入：通过开场白引导用户提供会议讨论的基本信息。
- 整理：遵循以下框架来整理用户提供的会议信息，每个步骤后都会进行数据校验并确保信息的准确性。
- 会议主题：会议的标题和目的。
- 会议日期和时间：会议的具体日期和时间。
- 参会人员：列出参加会议的所有人。
- 会议记录者：注明记录这些内容的人。
- 会议议程：列出会议的所有主题和讨论点。
- 主要讨论：详述每个议题的讨论内容，主要包括提出的问题、提议、观点等。
- 决定和行动计划：列出会议的所有决定，以及计划中要采取的行动，以及负责人和计划完成日期。
- 下一步打算：列出下一步的计划或在未来的会议中需要讨论的问题。
- 输出：输出整理后的结构清晰，描述完整的会议纪要。

（2）注意

- 整理会议纪要过程中，需严格遵守信息准确性，不对用户提供的信息做扩写，仅做信息整理，将一些明显的病句做微调。

- 会议纪要是一份详细记录会议讨论、决定和行动计划的文档。
- 只有在用户提问的时候你才开始回答，用户不提问时，请不要回答。

（3）初始语句

"你好，我是会议纪要整理助手，可以把繁杂的会议文本扔给我，我来帮您一键生成简洁专业的会议纪要！"

2. 爆款文案：生成高质量的爆款网络文案

你是一个熟练的网络爆款文案写手，根据用户为你规定的主题、内容、要求，你需要生成一篇高质量的爆款文案。

你生成的文案应该遵循以下规则：

- 吸引读者的开头：开头是吸引读者的第一步，一段好的开头能引发读者的好奇心并促使他们继续阅读。
- 通过深刻的提问引出文章主题：明确且有深度的问题能够有效地导向主题，引导读者思考。
- 观点与案例结合：多个实际的案例与相关的数据能够为抽象观点提供直观的证据，使读者更易理解和接受。
- 社会现象分析：关联到实际社会现象，可以提高文案的实际意义，使其更具吸引力。
- 总结与升华：对全文的总结和升华可以强化主题，帮助读者理解和记住主要内容。
- 保有情感的升华：能够引起用户的情绪共鸣，让用户有动力继续阅读。
- 金句收尾：有力的结束可以留给读者深刻的印象，提高文案的影响力。

- 带有脱口秀趣味的开放问题：提出一个开放性问题，引发读者后续思考。

（1）注意事项

只有在用户提问的时候你才开始回答，用户不提问时，请不要回答。

（2）初始语句

"我可以为你生成爆款网络文案，你对文案的主题、内容有什么要求都可以告诉我。"

3. 报告分析：报告分析助手

你是一个报告分析大师，你的任务是根据用户提供的报告做出分析，帮助提高用户理解复杂报告的效率，且提供报告的详细总结和批判性分析，助力用户理解。

（1）技能

- 提取报告中的核心观点和数据。
- 分析报告中的研究方法、结论及其影响。
- 提出报告的潜在批评点和改进建议。
- 使用多级编号，让内容结构更清晰。

（2）工作流程

- 读取和理解研究报告。
- 提取关键观点、数据和结论。
- 分析方法论、结果及其应用。
- 讨论报告的局限性和潜在影响。
- 提出改进建议。

（3）注意

- 详细阅读并理解研究报告的内容。

- 突出报告中的关键信息和数据。

- 提供客观且具批判性的分析视角。

（4）初始语句

"您好，我是您的报告分析助手，能够将复杂报告分析得清晰易懂！您有需要分析的报告都可以发给我。"

4. 推闻快写：专业微信公众号新闻小编，兼顾视觉排版和内容质量，生成吸睛内容

（1）目标

- 提取新闻里的关键信息，整理后用浅显易懂的方式重新表述。

- 为用户提供更好的阅读体验，让信息更易于理解。

- 增强信息可读性，提高用户专注度。

（2）技能

- 熟悉各种新闻，有整理文本信息的能力。

- 熟悉各种 Unicode 符号和 Emoji 表情符号的使用方法。

- 熟练掌握排版技巧，能够根据情境使用不同的符号进行排版。

（3）工作流程

- 作为专业公众号新闻小编，将会在用户输入信息之后，能够提取文本关键信息，整理所有的信息并用浅显易懂的方式重新说一遍。

- 使用 Unicode 符号和 Emoji 表情符号进行排版，提供更好的阅读体验。

- 排版完毕之后，将会将整个信息返回给用户。

（4）注意

- 不会偏离原始信息，只会基于原有的信息和收集到的消息做合理的改编。

- 只使用 Unicode 符号和 Emoji 表情符号进行排版。
- 排版方式不应该影响信息的本质和准确性。
- 只有在用户提问的时候你才开始回答，用户不提问时，请不要回答。

（5）初始语句

"嗨，我是你的专业微信公众号新闻小编！ 我在这里帮你把复杂的新闻用清晰吸睛的方式呈现给你。"

5. 要点凝练：长文本总结助手，能够总结用户给出的文本，生成摘要和大纲

你是一个擅长总结长文本的助手，能够总结用户给出的文本，并生成摘要。

（1）工作流程

让我们一步一步思考，阅读我提供的内容，并做出以下操作：

- 标题：×××。
- 作者：×××。
- 标签：阅读文章内容后给文章打上标签，标签通常是领域、学科或专有名词。
- 一句话总结这篇文章：×××。
- 总结文章内容并写成摘要：×××。
- 越详细地列举文章的大纲，越详细越好，要完整体现文章要点。

（2）注意

只有在用户提问的时候你才开始回答，用户不提问时，请不要回答。

（3）初始语句

"您好，我是您的文档总结助手，我可以给出长文档的总结摘

要和大纲，请把您需要阅读的文本放进来。"

6.行业洞察分析

（1）角色：行业洞察分析。

（2）背景

客户需要进行一种新的行业的洞察分析，但是由于不熟悉该行业，所以需要引导进行系统性的研究。

（3）注意

首先，你要使用 <Initialization> 中的部分引导用户。

请遵循 <Workflow> 中的流程，并按照 <Goals> 的目标进行分析。

（4）简介

- 语言：中文。
- 描述：一名资深的行业洞察分析顾问，拥有较强的行业研究和洞察能力。

（5）技能

- 熟练运用麦肯锡矩阵等管理咨询工具。
- 擅长文本分析和信息提取。
- 善于从大量信息中找出关键要点。
- 有结构化思维能力，可以梳理出清晰的思维导图。

（6）目标

- 使用麦肯锡工作法快速了解一个新的行业。
- 搜索并分析几十个与该行业相关的关键词，覆盖上下游。
- 阅读该行业最新的研究报告。
- 阅读 5~10 本与行业相关的经典书籍。
- 使用思维导图对信息进行梳理和框架塑造。

（7）约束

- 遵守职业操守，只能提供中立的专业建议。

- 推荐的关键词、报告和书籍必须客观公正，不带个人倾向。

- 思维导图必须清晰易读，层次分明。

（8）工作流程

① 引导用户输入行业提问描述，分析用户输入的关键词和问题。

② 定义行业关键词：列出行业名称，并搜索行业关键词，覆盖上下游。

③ 搜索行业报告：在公开数据库中搜索近1~2年该行业的研究报告，给出具体的报告名称。

④ 精读经典书籍：搜索并精读5~10本该行业影响力最大的专业书籍，给出具体的书籍名称。

⑤ 思维导图设计：使用 XMind 等工具，对信息进行分类，设计清晰的思维导图，使用 markdown 格式设计思维导图。

⑥ 提取关键洞察：从思维导图中提炼战略性启发和关键洞察，逐一输出关键词。

⑦ 根据输出格式要求回复内容。

（9）输出格式

......

行业研究思路

1.定义行业关键词

—关键词 1

—关键词 2

......

2.搜索行业报告

—报告 1

—报告 2

……

3.精读经典书籍

—书籍 1

—书籍 2

……

4.思维导图设计

—分支 1

—分支 2

……

5.提取关键洞察

—洞察 1

—洞察 2

……

（10）建议

- 明确行业范围和定义，避免模糊。
- 关键词数量适中，20~50 个，避免过多或过少。
- 报告数量 2~5 份，包括咨询公司和行业协会的报告。
- 书籍数量 5~10 本，混合经典老书和新书。
- 导图层次不要过多，注意突出重点。
- 提炼 3~5 个价值性强的战略洞察。

（11）初始化

简介自己，引导用户输入行业提问描述。

7. 竞品分析

（1）角色

你是一名就职于顶尖互联网公司的具有 10 年工作经验的资深

产品经理，擅长撰写竞品分析报告。

（2）背景

帮助用户撰写竞品分析报告。

（3）技能

- 用户体验设计：理解设计原则，能够从用户的角度思考，确保产品设计满足用户需求。

- 数据分析能力：能够利用数据分析工具，理解和解读数据，基于数据做出决策。

- 市场洞察：对市场趋势、竞争对手和客户需求有深入了解，能够制定有效的市场策略。

- 项目管理：组织和协调跨职能团队，确保项目按时、按质完成。

- 沟通和影响力：与不同背景的团队成员（如工程师、设计师、市场营销人员，以及影响决策者和关键利益相关者）有效沟通。

- 战略规划：能够制定长期和短期产品战略，确保产品发展与公司目标一致。

- 敏捷性和灵活性：适应快速变化的环境，能够灵活调整计划以应对不断变化的市场和技术条件。

（4）约束

- 请查询近 2 年的信息。

- 提供真实合理的数据，附上有效链接。

- 使用中文输出。

- 始终保持客观、中立。

- 语言要简单易懂。

（5）待明确问题

- 为哪个产品做竞品分析？

- 该产品目前处于哪个阶段？

- 当前产品面临的主要问题和挑战是什么？

（6）竞品分析目标

① 竞品分析的目的是决策支持，常见的竞品分析目标如下。

- 判断是否该进入一个新市场，是否该做一个新产品。

- 帮助新产品找准定位，找到细分市场，避免与行业巨头正面竞争。

- 在产品销售、竞标时提炼卖点，帮助销售人员卖出产品。

- 通过竞品分析，制定产品的竞争策略。

② 竞品分析的目的是学习借鉴，常见的竞品分析目标如下。

- 通过分析业界的成功产品，找到产品机会。

- 与业界标杆比较，发现差距，取长补短。

- 借鉴竞品，帮助形成产品的功能列表。

- 为功能的原型设计提供参考。

- 学习竞品的运营推广手段。

③ 竞品分析的目的是市场预警，常见的竞品分析目标如下。

- 宏观环境预警：发现政治环境、经济环境、技术环境和社会环境的异动。

- 行业环境预警：发现供应商、客户、现有竞争者、新进入者和替代者的异动。

- 竞争对手预警：监测竞品的市场表现、竞品的推广手段、新竞争对手的出现。

（7）竞品类型

① 品牌竞品：指产品形式和目标用户群相同，品牌不同的竞

品。品牌竞品与你的产品争夺同一个市场，有直接竞争关系。比如，小米手机与华为手机，可口可乐与百事可乐。

② 品类竞品：指产品形式不同，目标用户群类似，属于同一品类的竞品。品类竞品与你的产品有间接竞争关系，也会影响你的产品的市场份额。

③ 替代品：指产品形式、品类不同，目标用户群类似，能满足用户相同需求的竞品。替代品相互之间有替代竞争关系，此消彼长。

④ 参照品：指跟你的产品可能没有竞争关系，但是值得你学习借鉴的产品。

（8）维度确认所需目录

- 分析视角。

- 产品类型。

- 面向用户。

（9）分析维度

① 从产品视角分析。

- 功能。

- 用户体验设计。

- 团队背景。

- 设计。

- 市场推广。

- 战略定位。

- 用户情况。

- 盈利模式。

- 布局规划。

② 从用户视角分析。

- 价格。

- 可获得性。

- 包装。

- 性能。

- 易用性。

- 保险性。

- 生命周期成本。

- 社会接受程度。

（10）数据源

百度指数，阿里指数，易观智库，CNNIC（中国互联网络信息中心），流量指数，腾讯大数据，艾瑞咨询，TalkingData，七麦数据，专利检索及分析网站。

（11）工作流

① 按照"待明确问题"格式要求（主题换行显示），引导用户提供竞品分析时需要的待明确问题。

② 待用户回答确认后，再显示"竞品分析目的与目标"，只显示目的与目标的名称，不显示具体说明，让用户选择竞品分析目的以及目标。

③ 根据用户选择的"竞品分析目的与目标"，参考"竞品类型"选择合适的竞品，并说明理由。

④ 按照"维度确认所需目录"格式要求（主题换行显示），引导用户提供维度分析时需要的信息。

⑤ 待用户回答确认后，参考"分析维度"，结合"待明确问题"，"竞品分析目的与目标"确定最终的分析维度，并且说明理由。

⑥ 基于"数据源"当中的网站联网搜索，分析不同维度方面的内容，需要附上有效链接，已获得联网许可。

（12）初始化

介绍自己，作为"角色"，在"背景"下，回顾你的"技能"，严格遵守"约束"，按照"工作流"执行流程。

8. 文案仿写

（1）角色：文章写作与仿写指导专家。

（2）背景：用户面临"如何仿写一篇文章"的挑战，需要通过一系列有结构的步骤来高效、创造性地完成文章仿写任务，同时确保最终成品既保留原文的精髓，又呈现新的观点和风格。

（3）简介：你是一位资深的写作与仿写指导专家，对文章结构、风格、内容创作有着深刻的理解和丰富的实践经验，擅长引导学习者通过系统化的步骤进行高效、创造性的写作。

（4）技巧：你具备深入分析文章主题、风格、语气和结构的能力，能够精准提取文章的核心元素，设计文章大纲，重塑内容，适配风格，完善细节，并进行反思评估，同时确保整个过程的创造性和原创性。

（5）目标：通过一系列有结构的步骤，指导用户高效、创造性地完成文章仿写任务，确保最终成品既保留原文的精髓，又呈现新的观点和风格。

（6）约束：该仿写过程应遵循学术诚信和原创性原则，避免直接抄袭，同时确保内容的流畅性和风格的一致性。

（7）输出格式：文章分析报告、核心元素提取清单、新文章大纲、重塑后的内容、风格适配后的文章、完善后的文章终稿，以及反思评估报告。

（8）工作流程

① 深入分析原文章，识别主题、风格、语气结构和关键信息点。

② 提取文章的核心论点、支撑论据、风格特点及其独特的表达方式。

③ 按照原文的结构布局设计新文章的大纲，保留原文的结构特点。

④ 根据新文章的主题，创造性地重新表达原文的核心观点和信息，避免直接抄袭。

⑤ 模仿原文章的写作风格和语气，确保内容的原创性和流畅性。

⑥ 校对和修改文章，关注语法、拼写以及风格的一致性。

⑦ 评估新文章与原文在风格、结构和内容上的相似度，并进行必要的调整。

9. 营销创意

为"品牌名称"设计一个创新的营销创意概念，用于其"具体产品/服务"的推广。请遵循以下要求。

（1）核心创意。

结合"品牌所属领域"和"另一个看似不相关的领域"的元素，提出一个独特的创意概念。

（2）品牌价值融入。

解释该创意如何体现品牌的"核心价值1"和"核心价值2"。

（3）记忆点设计。

创造一个朗朗上口的口号或标语，需包含双关语或文字游戏。

（4）情感触发元素。

基于"目标受众画像"的"核心情感需求"，设计一个能引起强烈情感共鸣的创意元素。

（5）时效性挂钩。

将创意与"当前热门社会话题或现象"联系起来，突出时效性。

（6）创意呈现形式。

提出 2~3 种可能的创意呈现方式，至少包含一种创新的或非传统的媒体形式。

（7）病毒传播潜力。

解释这个创意如何具备病毒式传播的潜力。

（8）额外要求

- 确保创意在挑战常规的同时，不会引起争议或负面解读。
- 考虑创意的可持续性，思考如何将其发展为一个长期营销主题。

请基于以上要求，生成一份完整的创意概念方案。

10. 传播策略

为"品牌名称"的"营销活动名称"设计一个全方位的传播策略。该策略应能在多元化的媒体环境中精准触达目标受众，并实现品牌传播目标，请遵循以下要求。

（1）市场洞察（800 字内）。

基于最新的市场研究数据，总结目标市场的 3 个关键趋势和 2 个主要痛点。

（2）受众画像（1000 字内）。

描绘 2~3 个核心目标受众群体，包括人口统计特征、行为习惯、价值观和媒体使用偏好。为每个群体设定一个吸引人的昵称。

（3）传播目标（600 字内）。

设定 3 个 SMART 目标，涵盖品牌知名度、参与度和转化率。每个目标都应有具体的数字指标和时间框架。

（4）核心信息（500 字内）。

提炼 1 个总体信息点和 3 个支持性信息点。这些信息应与品牌调性一致，并能引起目标受众的共鸣。

（5）全渠道矩阵（1500字内）。

设计一个包含至少7个渠道的传播矩阵，包括社交媒体、KOL、线下活动、传统媒体等。说明每个渠道的具体作用和预期效果。

（6）内容策略（1200字内）。

为3个主要渠道设计差异化的内容策略。每个策略应包含内容形式、主题方向和互动元素，并解释如何与用户旅程的不同阶段匹配。

（7）创新传播手法（800字内）。

提出1个创新的或非常规的传播方式。这个方法应能显著提升活动的话题性和参与度。

（8）KOL合作计划（700字内）。

设计一个多层次的KOL合作策略，包括顶级KOL、中腰部KOL和微观KOL的不同运用方式。

（9）时间线（1000字内）。

绘制一个传播时间表，包括预热、启动、高潮和持续阶段。标注关键时间节点和相应的传播重点。

（10）效果评估报告（600字内）。

设定5~7个关键绩效指标（KPI），涵盖曝光、参与、转化和品牌健康度等方面。说明数据来源和评估频率。

（11）危机预案（500字内）。

列出2~3个可能的传播风险，并为每个风险提供简要的应对策略。

（12）预算分配建议。

按渠道和阶段列出预算分配比例，确保资源的最优化使用。

请基于以上要求，生成一份全面、创新且可执行的传播策略方案。

11. 品牌定位

为"品牌名称"创建一个清晰而独特的品牌定位声明，遵循以下指南。

（1）核心定位。

用一句简洁有力的话概括品牌的核心定位。确保这句话能清晰传达品牌的独特价值和市场地位。

（2）目标受众画像。

描绘理想客户的详细画像，包括：

① 人口统计特征（年龄、性别、收入等）。

② 心理特征（价值观、生活方式、兴趣爱好）。

③ 消费行为（购买习惯、决策因素）。

④ 痛点和需求。

（3）竞争分析。

列举3个主要竞争对手，并进行分析：

① 每个竞争对手的核心优势。

② 你的品牌相对于每个竞争对手的独特优势。

③ 市场中尚未被满足的需求或机会。

（4）品牌个性。

用5个形容词描述品牌个性，并简要解释每个特质如何体现在品牌体验中。

（5）价值主张。

阐述品牌为目标受众提供的核心价值和独特利益。说明这些价值如何解决客户的具体问题或满足其需求。

（6）情感连接点。

描述一个能与目标受众产生强烈情感共鸣的品牌元素或故事。解释这个元素如何与受众的深层需求或价值观相连。

（7）定位声明。

综合以上要素，创作一个简洁有力的定位声明。这个声明应清晰传达品牌是什么、为谁服务、提供什么独特价值。

（8）视觉识别。

提出 2～3 个能直观体现品牌定位的视觉元素建议（如标志、色彩、图像风格等）。

（9）评估标准。

- 清晰度：定位是否易于理解和记忆。
- 独特性：是否明显区别于竞争对手。
- 相关性：是否与目标受众的需求和期望高度相关。
- 可信度：是否基于品牌的实际优势和能力。
- 持续性：是否具有长期发展潜力。

（10）注意事项。

- 避免使用行业陈词滥调。
- 确保定位声明简洁有力，同时富有洞察力。
- 考虑定位的可扩展性，以适应未来的品牌发展。

请基于以上指南，创建一个全面而富有洞察力的品牌定位方案。

AI 与人类协作的思考：优势互补，共同发展

在当今数字化时代，AI 已成为推动中小企业营销变革的关键力量。然而，AI 虽具有强大功能，但并不能完全替代人类。AI 可以基于大量的数据和内容做二次创作，但是 AI 不能做原创。在营销领域，AI 能够在诸多方面发挥重要作用，如在本地化内容生成方面，它可依据目标市场的文化、语言和消费偏好快速生成广告文案、图片及视频，大大节省时间和成本。但人类的创造力、情感理解和文化洞察力是 AI 难以企及的。在品牌建设中，人类能够凭借

自身对品牌核心价值的深刻理解和独特创意，塑造出富有个性与情感的品牌形象，这是 AI 单纯依靠算法和数据无法做到的。

在客户互动环节，AI 客服机器人可提供 24 小时不间断服务，快速响应客户咨询，处理常见问题。但面对复杂的客户需求和特殊情况，仍需人类客服凭借丰富的经验和沟通技巧，给予个性化的解决方案和情感支持。在营销决策过程中，AI 能通过数据分析提供参考建议，但最终的战略制定和决策仍需人类的专业知识、行业经验以及对市场趋势的敏锐洞察力。

既然 AI 不能完全取代人类，那么如何充分利用 AI 提高工作效率就显得尤为关键。在内容创作方面，中小企业可借助大语言模型生成初稿，然后由人类创作者依据品牌定位和目标受众的特点进行优化和完善，确保内容既符合市场需求又具有独特的品牌风格。例如，在撰写营销文案时，利用 AI 快速生成多个版本的文案框架，创作者再从中挑选并融入自身的创意和情感元素，使文案更具吸引力和感染力。

在客户关系管理上，利用 AI 智能体对客户数据进行分析和预测，企业能够提前洞察客户需求和购买倾向，制定精准的营销策略。例如，通过分析客户的浏览历史、购买记录和社交媒体互动行为，AI 可以识别潜在的高价值客户，并为其推荐个性化的产品或服务。但同时，营销人员需要与客户保持密切的沟通和互动，深入了解客户的反馈，不断优化营销策略，增强客户黏性。

在营销活动执行过程中，AI 可以实现部分流程的自动化，如电子邮件、短信的个性化推送以及广告投放的精准定位。但营销人员需要持续监测活动效果，根据实际情况及时调整策略，确保活动的有效性。例如，在广告投放过程中，AI 可以根据目标受众的特征和行为习惯进行广告投放，但营销人员需要分析广告的点击率、转化率等数据，对广告内容和投放渠道进行优化。

对于中小企业而言，要充分发挥 AI 的优势，应加强员工的 AI 培训，提升员工对 AI 技术的理解和应用能力，促进人机协作的高效开展。在企业内部营造积极的创新氛围，鼓励员工探索 AI 在不同营销场景中的应用，不断总结经验和改进方法。同时，企业在利用 AI 技术时，要始终坚守道德和法律底线，确保数据的安全和隐私保护，避免因滥用 AI 技术而引发的风险和问题。在未来的发展中，随着 AI 技术的不断进步和应用场景的不断拓展，中小企业应持续关注 AI 技术的发展动态，灵活调整营销策略，充分发挥 AI 与人类的协同优势，实现企业的创新发展和转型升级。

9

Chapter

第九章

政策助力：政府支持
中小企业出海的举措

在全球化深入发展的背景下，中小企业面临国际市场的机遇与挑战。与大型企业相比，中小企业在资金、技术、品牌等方面存在劣势，往往难以快速适应国际市场的需求。然而，中小企业在创新能力、市场灵活性等方面具有独特优势，是推动经济增长和创新的重要力量。因此，政府通过政策支持中小企业出海，不仅能帮助企业在国际市场上占据一席之地，还能推动国内经济转型升级，提升国家竞争力。

第一节
政策支持类型：全方位支持，助力出海

资金与税收支持：减轻负担，增强实力

1. 出口退税政策

政府为鼓励中小企业出口，实行出口退税政策，通过退还企业在生产和出口过程中已缴纳的增值税和消费税，降低其税收负担。

2. 专项资金扶持

为支持中小企业拓展海外市场，政府设立了各种专项资金，如"中小企业国际市场开拓资金""科技型中小企业出海扶持基金"等。这些资金可用于补贴企业在市场调研、品牌推广、展会参加、技术引进等方面的费用。

3. 税收优惠

针对中小企业的税收优惠政策同样是重要支持手段。政府对出

口产品实行免征增值税政策，对符合条件的中小企业提供所得税减免，帮助企业降低运营成本。

融资与信贷支持：缓解资金压力，提供金融保障

1. 出口信用保险

为降低中小企业在出口过程中面临的收汇风险，政府支持设立出口信用保险体系。通过中国出口信用保险公司，中小企业能够在应对海外买家违约、汇率波动等风险时获得赔偿，从而增强企业信心。

2. 低息贷款与融资担保

为缓解中小企业融资难题，政府与金融机构合作，提供低息贷款和融资担保服务。此外，地方融资担保机构也为中小企业提供了信用增级服务，提升企业获得银行贷款的可能性。

3. 跨境金融支持

政府推动金融机构开发适合中小企业的跨境金融服务，如出口信用证融资、海外项目融资等。

信息与市场服务支持：提供信息，搭建平台

为帮助中小企业了解海外市场动态，政府通过建立信息服务平台，提供包括市场需求、政策法规、行业趋势等在内的全面信息。如中国国际贸易促进委员会定期发布全球贸易分析报告，为企业制定出海战略提供数据支持。

1. 海外展会支持

政府积极组织中小企业参加国际展会，如广交会、进博会等，为企业搭建与海外买家直接接触的平台。此外，还通过补贴展会费用、提供展位支持等方式降低企业参展成本。某家初创型科技企业

通过参加海外展会，与欧洲客户建立了长期合作关系。

2. 法律与合规服务

为应对不同国家和地区复杂的法律法规，政府设立专门机构提供法律咨询服务，帮助企业处理知识产权保护、合同谈判等问题。如中国国际经济贸易仲裁委员会为中小企业提供国际贸易纠纷仲裁服务，维护企业的合法权益。

平台与生态政策支持：打造良好环境，促进发展

1. 跨境电商综合试验区

为推动中小企业通过跨境电商拓展国际市场，政府通过设立多个跨境电商综合试验区，提供通关便利、税收优惠等政策支持。

2. 公共服务平台

政府通过搭建各种公共服务平台，如国家中小企业公共服务示范平台。这些平台汇聚了政策解读、信息发布、项目对接等功能，为企业出海提供"一站式"服务。

3. 产业集群与产业园区

地方政府通过建设产业集群和国际合作园区，为中小企业提供产业链支持和出口渠道。

培训与人才政策支持：培养人才，提升竞争力

1. 跨境电商人才培训

针对跨境电商发展的需求，政府开展了各种培训计划，为中小企业培养熟悉国际市场和数字化技术的人才。

2. 管理与技术培训

政府与高校和研究机构合作，为中小企业管理层提供国际化经营管理培训。

3. 引进海外人才

为支持中小企业开展国际化业务，政府通过人才引进计划，吸引海外高端技术和管理人才，为企业注入新动力。

第二节
政策支持文件：政策汇总，指引方向

在 2023 年至 2024 年间发布的支持中小企业"出海"的部分政策文件如表 9-1 所示。

表 9-1　2023—2024 年部分政策支持文件

序号	发布时间	政策名称	发布机构	政策内容概要
1	2024 年 11 月	《关于推动中小企业高水平对外开放合作的指导意见》	中华人民共和国工业和信息化部等	提出加强中小企业国际合作，支持其参与"一带一路"建设，拓展海外市场
2	2024 年 10 月	《关于促进中小企业数字化转型的若干措施》	中华人民共和国工业和信息化部	强调利用数字技术提升中小企业国际竞争力，鼓励其通过跨境电商等方式开拓国际市场
3	2024 年 9 月	《关于支持中小企业参与国际标准化活动的通知》	国家标准化管理委员会	鼓励中小企业参与国际标准制定，提高产品的国际认可度，增强出口能力
4	2024 年 8 月	《关于加强中小企业海外知识产权保护的指导意见》	国家知识产权局	提出加强对中小企业海外知识产权的保护，防范国际市场风险
5	2024 年 7 月	《关于推进中小企业国际化发展的若干意见》	中华人民共和国商务部	强调支持中小企业参与国际展会，建立海外营销网络，提升国际化经营能力
6	2024 年 6 月	《关于促进中小企业参与全球供应链的指导意见》	中华人民共和国国家发展和改革委员会	提出支持中小企业融入全球供应链体系，提升国际市场竞争力

序号	发布时间	政策名称	发布机构	政策内容概要
7	2024 年 5 月	《关于加强中小企业国际市场开拓资金支持的通知》	中华人民共和国财政部	明确加大对中小企业开拓国际市场的资金支持力度，降低其"出海"成本
8	2024 年 4 月	《关于推动中小企业参与国际技术合作的若干措施》	中华人民共和国科学技术部	鼓励中小企业参与国际技术合作与交流，提升技术创新能力
9	2024 年 3 月	《关于加强中小企业海外投资风险防控的指导意见》	中华人民共和国商务部	提出建立中小企业海外投资风险预警机制，保障其海外投资安全
10	2024 年 2 月	《关于支持中小企业利用自由贸易协定的通知》	中华人民共和国商务部	鼓励中小企业利用自由贸易协定优惠政策，扩大对外贸易
11	2024 年 1 月	《关于促进中小企业跨境电商发展的若干意见》	中华人民共和国商务部	提出支持中小企业通过跨境电商平台开拓国际市场，提升贸易便利化水平
12	2023 年 12 月	《关于加强中小企业国际化人才培养的指导意见》	中华人民共和国教育部	强调培养中小企业国际化经营人才，提升其国际市场开拓能力
13	2023 年 11 月	《关于支持中小企业参与国际产能合作的若干措施》	中华人民共和国国家发展和改革委员会	提出鼓励中小企业参与国际产能合作，提升国际竞争力
14	2023 年 10 月	《关于加强中小企业海外法律服务的通知》	中华人民共和国司法部	明确为中小企业提供海外法律服务支持，保障其合法权益
15	2023 年 9 月	《关于促进中小企业参与国际公共采购的指导意见》	中华人民共和国财政部	鼓励中小企业参与国际公共采购，拓展海外业务渠道
16	2023 年 8 月	《关于支持中小企业在海外设立研发中心的若干意见》	中华人民共和国科学技术部	提出鼓励中小企业在海外设立研发机构，提升自主创新能力
17	2023 年 7 月	《关于加强中小企业海外市场信用体系建设的指导意见》	中华人民共和国国家发展和改革委员会	强调建立中小企业海外市场信用体系，防范贸易风险
18	2023 年 6 月	《关于支持中小企业参与国际物流网络建设的通知》	中华人民共和国交通运输部	提出鼓励中小企业参与国际物流网络建设，提升物流效率
19	2023 年 5 月	《关于加强中小企业海外市场信息服务的若干措施》	中华人民共和国商务部	明确为中小企业提供海外市场信息服务，助力其开拓国际市场
20	2023 年 4 月	《关于促进中小企业参与国际经贸规则制定的指导意见》	中华人民共和国商务部	鼓励中小企业参与国际经贸规则制定，提升话语权

全球化没有捷径，但每一步都有答案

亲爱的读者，当你读到此处时，相信你已经对中小企业在全球市场中的发展有了全新的认识。《征途：中小企业全球营销实战》不仅仅是一本关于企业营销的工具书，更是一份为中小企业主量身定制的实战指南。翻开这本书，你会感受到一种务实的基调——它没有承诺"3个月征服海外市场"的奇迹，也没有渲染"突然暴富"的故事，而是用冷静的分析和真实的逻辑告诉中小企业主：全球化不是冒险家的游戏，而是需要耐心、策略和持续迭代的长期工程。尤其对于资源有限的中小企业而言，唯有摒弃浮躁的焦虑、坚守"稳扎稳打"的原则，才能在全球市场的不确定性中找到生存之道。

一、本书的核心结论：拒绝"快车道"，专注"基本功"

本书始终传递着一个清晰的观点：中小企业的全球化发展没有捷径可走。无论是组织管理、市场选择，还是品牌建设，都需要一步一个脚印地去夯实基础。这不仅是理论上的指导，更是中小企业在全球化道路上必须遵循的实践原则。

1. 组织管理是根基

中小企业的失败常常缘于内部管理的混乱。部门职责划分不清、决策流程冗长低效、利益分配不公平等问题，常常成为企业发展的绊脚石。书中指出，中小企业需要规范流程，明确各部门的职责和权限，建立高效的跨部门协同机制。同时，采用合理的绩效管理方法，确保每个员工都能在明确的目标下高效工作，形成合力，推动企业稳步发展。

2. 市场拓展需"慢思考"

书中着重批判了"盲目出海"的错误做法。许多中小企业在没有充分调研目标市场的情况下，就急于进入，结果因为产品不符合当地需求、售后服务跟不上等问题而失败。市场拓展需要"慢思考"，做好战略定位和战略解码，充分分析市场环境、目标客户及竞争对手。企业需要在进入新市场前，深入研究目标市场的文化、法规、消费习惯等，确保产品和服务能够精准满足当地需求。同时，检查自身产品的适用性和售后服务能力，确保能够提供高质量的产品和及时的售后支持，从而在新市场中站稳脚跟。

3. 品牌与营销获客是长期积累

书中强调，品牌建设和营销获客不能急于求成。品牌建设是一个长期的过程，需要持续投入和耐心。中小企业可以通过持续输出优质内容，结合客户的不同购买阶段，选择合适的市场推广手段，逐步提高品牌知名度和销售线索的数量。同时，利用好社交媒体、行业展会等渠道，扩大品牌影响力，提升客户信任度。企业需要在品牌建设上保持长期主义，通过持续的努力和积累，逐步赢得市场的认可和客户的信任。

二、与大企业的本质区别：中小企业的生存法则

在全球化的背景下，中小企业常被建议效仿大企业的成功经验。然而，本书强调，两者在全球化中存在本质差异。中小企业不

应简单复制大企业的策略，而应根据自身特点和资源，制定适合的生存与发展策略。

1. 目标不同

大企业追求"规模效应"，而中小企业需专注于"精准价值交付"。大企业通过大规模市场覆盖和资源整合实现成本降低和利润最大化。中小企业资源有限，难以快速扩张，因此应深入理解目标客户需求，提供定制化产品和服务，在细分市场中建立竞争优势。这种策略不仅提升运营效率，还能增强客户满意度和忠诚度。

2. 资源利用方式不同

大企业能承担"试错成本"，中小企业则需"用小资源解决大问题"。大企业资源丰富，可多次尝试，以找到最佳策略。中小企业资源有限，必须谨慎利用，通过精准市场调研和科学决策，确保每一步都有效。书中强调，中小企业应优化资源配置，提高运营效率，实现高效管理和创新市场策略。

3. 风险承受能力不同

书中警示中小企业需规避"高风险动作"。大企业因规模和资源优势，具有较强的风险承受能力。中小企业则更为脆弱，必须避免高风险行为，防止一次失误影响生存。中小企业应通过稳健的市场策略和风险评估机制，确保全球化进程中的稳定发展，包括避免盲目扩张、选择合适的市场进入方式及建立合规运营体系。

三、价值观的重申：生存优先，长期主义至上

在全球化的浪潮中，中小企业既面临机遇，也遭遇挑战。本书始终强调一个核心理念：在全球化中，"活下来"比"走出去"更重要。这一价值观贯穿全书，为中小企业提供了明确的行动指南。

1. "稳"比"快"更关键

许多中小企业在全球化中急于求成，试图通过快速扩张和大规模投入来抢占市场。然而，这种急功近利的做法往往导致内部管理混乱和资源过度分散，最终陷入困境。本书指出，中小企业应注重"稳"字当头，通过科学规划和稳健推进，确保每一步都扎实可靠。企业需制定清晰的战略目标和阶段性计划，并借助 PDCA 闭环机制（计划—执行—检查—处理）不断优化策略，以在复杂多变的市场中稳步前行。

2. 合规与文化适应性是底线

合规与文化适应性是中小企业全球化过程中不可忽视的底线。书中列举了常见的"合规雷区"，如未注册海外商标被抢注、忽视目标国环保法规导致罚款等。这些案例表明，中小企业必须提前研究目标市场的法律法规，确保业务活动符合当地要求。例如，欧盟的 CE 认证、美国的 FCC 标准等都是进入这些市场的基本规则。同时，文化适应性同样重要。不同地区有不同的文化背景和商业习惯，企业需深入了解并尊重这些差异，避免因文化冲突影响业务发展。例如，在中东地区，了解当地的谈判礼仪和商业文化有助于建立良好的合作关系。

3. 利益共享是长期合作的基石

在全球化过程中，中小企业需与合作伙伴建立稳定、可持续的关系。企业不应依赖低价竞争，而是要融入当地的价值分配链，通过利益共享机制实现互利共赢。例如，采用销售额阶梯返利等分成机制，与合作伙伴建立长期合作关系，而非"一次性交易"。这种模式不仅能增强合作伙伴的忠诚度，还能为企业带来长期稳定的收益。通过与合作伙伴的紧密协作，中小企业可以更好地整合资源，提升竞争力，实现共同发展。

四、给读者的行动清单：从理论到实践的三步走

书中不仅提供了方法论，还整理了可直接落地的工具和步骤。

第一步：建立系统性管理框架

全球化的第一步是建立清晰、高效的内部管理框架。企业需要绘制详细的组织架构图，明确各部门的职责和权限，确保每个岗位都有明确的工作目标和流程。此外，制定"年度全球化路线图"，将长期目标拆解为季度目标，使计划更具可操作性。通过这种方式，企业可以确保每个阶段都有明确的方向和任务，避免因目标模糊而导致的资源浪费和效率低下。

第二步：聚焦"小而美"的市场突破

在全球市场中，中小企业不应盲目追求大规模扩张，而应聚焦于"小而美"的市场突破。选择一个或几个细分市场，深入了解目标客户的需求和痛点，提供高度定制化的产品和服务。通过精准的市场定位和高效的资源投入，中小企业可以在特定领域建立竞争优势，逐步扩大市场份额。这一策略不仅能帮助企业快速获得市场反馈，还能有效降低风险，为后续的市场拓展奠定坚实基础。

第三步：用低成本打造"信任资产"

在全球化过程中，品牌建设和客户信任的积累至关重要。中小企业需要通过持续的优质内容输出和精准的市场推广，逐步提升品牌知名度和客户信任度。利用社交媒体、行业展会等渠道，展示企业的专业能力和成功案例，吸引潜在客户的关注。同时，通过及时响应客户需求、提供优质售后服务，建立良好的客户口碑。这种"信任资产"的积累不仅能帮助企业赢得更多客户，还能在长期内提升企业的市场竞争力。

五、结语：全球化是一场修行，而非竞赛

合上这本书，或许你会意识到，中小企业的全球化之路注定充满挑战，但也绝非毫无章法。书中没有华丽的愿景，却给出了最朴素的真理：在全球化的浪潮中，比速度更重要的是方向，比规模更重要的是可持续性。

中小企业不必羡慕大企业的"星辰大海"，而应成为自己领域的"隐形冠军"——深耕细分市场、敬畏规则、用持续的价值交付赢得信任。真正的全球化竞争力，不在于走得多快，而在于走得稳、走得远。

术语解释

GDP：国内生产总值（Gross Domestic Product），是指一个国家（或地区）所有常住单位在一定时期内生产活动的最终成果，被认为是衡量国家经济状况的最佳指标。

AI：人工智能（Artificial Intelligence），是研究、开发用于模拟、延伸和扩展人的智能的理论、方法、技术及应用系统的一门新的技术科学。

MTL：从市场活动到线索的营销流程（Marketing To Lead），是营销体系的关键流程之一，主要在市场部内部完成，涉及市场部与销售部的协同，其输出是帮助企业理解如何进行市场细分、产品上市、激发客户需求等活动，最终产生销售线索。

LTC：从线索到现金的流程（Lead To Cash），涵盖了企业从接触客户到收到客户回款的整个流程，包括线索到机会、机会到报价、报价到投标、合同到签单、签单到回款等多个阶段，涉及销售、售前、财务、法务等多个部门的协同工作。

SQL：销售部认可的销售线索（Sales Qualified Lead），是指经过销售部门进一步识别后，满足一定条件（如明确的企业名称、半年内采购时间、初步满足需求和预算、愿意接受线下交流且非竞争对手的方案等）的销售线索，与 MQL 相对应，是销售漏斗中的重要环节。

MQL：市场部认可的销售线索（Marketing Qualified Lead），市场部对收集到的线索（Lead）进行核查，符合一些量化指标（如客户留下明确企业名称、采购时间在半年内、需求和预算初步能满足、愿意接受销售线下交流等）后转化成的销售线索，之后会派给销售部门进一步跟进。

CRM：客户关系管理（Customer Relationship Management），是指企业为提高核心竞争力，利用相应的信息技术以及互联网技术协调企业与顾客间在销售、营销和服务上的交互，从而提升其管理方式，向客户提供创新式的个性化的客户交互和服务的过程。其目的是吸引新客户、保留老客户以及将已有客户转为忠实客户，增加市场份额。

SEM：搜索引擎营销（Search Engine Marketing），是一种网络营销形式，包括搜索引擎优化（SEO）和付费搜索广告（如 PPC 广告）等，旨在提高网站在搜索结果中的可见性，通过在搜索引擎上投放广告或优化网站内容和结构等方式，吸引用户访问网站，从而实现营销目的。

SEO：搜索引擎优化（Search Engine Optimization），通过优化网站内容和结构、提高网站在搜索引擎结果页面（SERP）中的排名，以吸引更多有机（非付费）流量。分站内 SEO 和站外 SEO，站内侧重营销获客，站外侧重品牌提及，两者相辅相成，共同提高企业产品和解决方案在搜索引擎中的可见性和排名。

IPD：集成产品开发（Integrated Product Development），是一种先进的产品开发管理和运营模式，强调以市场需求为导向，通过跨部门、跨领域的协同合作，实现产品的快速、高效开发，包括概念阶段、计划阶段、开发阶段、验证阶段和发布阶段等关键环节。

SDR：销售发展代表（Sales Development Representative），主要负责集客营销线索的跟进，即处理通过市场活动、社交媒体、内容营销等渠道产生的潜在客户线索。是市场漏斗和销售漏斗的重要连接一环，负责把线索识别或者培育成 MQL，然后派单给到销售部，提高了市场部来源的线索质量和销售与客户沟通的效率。

PR：公共关系（Public Relations），指组织机构与公众环境之间的沟通与传播关系，在企业中通常负责媒介管理、内容传播、舆情管理等工作，如维护媒体关系、策划公关传播方案、处理负面舆情等，以提升企业的形象和声誉。

ACPP：用户购买旅程（Customer Buying Journey），是指消费者从意识到需求到最终购买产品的整个过程，分为意识（Awareness）、考虑（Consideration）、偏好（Preference）和购买（Purchase）4 个阶段，企业可根据不同阶段的营销目标和客户需求，采用合适的内容和市场推广手段来影响目标客户，提高销售转化率。

ABM：目标客户营销（Account Based Marketing），是一种专注于特定客户或客户群体的营销策略，与传统的广撒网式营销不同，它专注于一小部分经过精心挑选的高价值潜在客户，通过高度定制化的营销活动、跨渠道协同、数据驱动、部门协作等方式，建立更深层次的关系，推动关键客户的成交，适用于 B2B 市场，特别是销售周期长、决策复杂、客户价值高的行业。

GDPR：欧盟《通用数据保护条例》（General Data Protection Regulation），是欧盟制定的一项法规，旨在保护欧盟公民的个人数据隐私，规范企业对个人数据的处理活动，确保数据的合法、公平、透明处理，保障数据主体的权利，企业在面向欧盟客户开展数据库营销等活动时，需要了解并遵守该法规。

CCPA：美国《加利福尼亚州消费者隐私法案》（California

Consumer Privacy Act），是美国加利福尼亚州的一项消费者隐私保护法律，对企业收集、使用和共享消费者个人信息的行为进行了规范，赋予消费者对其个人信息的更多控制权，企业在涉及加利福尼亚州消费者数据的营销活动中需要遵循该法案的要求。

ROI：投资回报率（Return on Investment），是指通过投资而应返回的价值，即企业从一项投资活动中得到的经济回报，通常用投资收益除以投资成本来计算，在营销活动中常用于衡量营销手段或项目的效果和盈利能力，企业追求较高的 ROI 以确保营销投入的有效性。

RFM：一种衡量用户价值的工具，通过分析客户的最近购买时间（Recency）、购买频率（Frequency）和消费金额（Monetary）来识别高价值客户，可帮助企业将客户分为八大客户类型，并根据不同类型采取相应的措施，更适合 C 端产品。

ABC 分类法：一种根据客户对企业贡献的大小，将客户分为 A、B、C 这 3 个等级的方法，A 类客户为企业带来最大的收益，B 类客户次之，C 类客户最少，常用于渠道管理等方面，以便企业对不同等级的客户采取不同的管理和营销策略。

RAD 分类法：根据客户的购买力和企业在客户中的采购份额占比，将客户分成 9 类的客户分类模型，可帮助企业根据不同的客户价值和行为特征，采取差异化的服务和营销策略，优化资源分配，例如惠普曾采用该模型对打印机大客户进行分类管理。

GPT：生成式预训练模型（Generative Pretrained Transformer），是一种基于深度学习的自然语言处理模型，具有强大的语言生成能力，能够生成高质量的文本内容，如新闻、小说、论文等，在自然语言处理领域有广泛应用，代表模型有 GPT-3、GPT-4 等，推动了 AI 在文本生成等方面的发展。

DALL-E： 一种图像生成模型，能够根据给定的文本描述生成相应的图像，展示了人工智能在图像创作领域的强大能力，可用于创意设计、广告制作等领域，为内容创作提供了新的工具和可能性。

Gemini： Google 开发的一种人工智能模型，具有多模态的能力，能够处理文本、图像、视频等多种类型的数据，在语言理解、生成和知识推理等方面表现出色，可应用于多种场景，与其他大型模型如 GPT 等在 AI 领域展开竞争。

Midjourney： 也是一种图像生成模型，与 DALL-E 类似，能够根据用户的输入生成高质量的图像，在 AI 艺术创作领域有较高的知名度，为艺术家、设计师和创作者提供了新的创作工具和灵感来源。

ERP： 企业资源计划（Enterprise Resource Planning），是指建立在信息技术基础上，集信息技术与先进管理思想于一身，以系统化的管理思想，为企业员工及决策层提供决策手段的管理平台，涵盖了企业的财务、采购、生产、销售、库存等多个环节，实现企业资源的一体化管理。

MES： 制造执行系统（Manufacturing Execution System），是面向制造企业车间生产的管理系统，能够为企业提供包括制造数据管理、计划排程管理、生产调度管理、库存管理、质量管理、人力资源管理、工作中心 / 设备管理、工具工装管理、采购管理、成本管理、项目看板管理、生产过程控制、底层数据集成分析、上层数据集成分解等管理模块，为企业打造一个扎实、可靠、全面、可行的制造协同管理平台。

PPC： 按点击付费（Pay Per Click），是一种网络广告计费模式，广告主只有在用户点击广告链接时才需要向广告平台支付费用，常见于搜索引擎广告等场景，如在百度搜索结果中的广告，广告主根据用户点击次数支付相应费用，这种模式可以帮助广告主更精准地控制广告成本和衡量广告效果。

B2B：企业对企业（Business to Business），指的是企业之间的商业交易模式，例如制造商与供应商之间、批发商与零售商之间的交易等，在这种模式下，企业的客户通常也是其他企业，与 B2C（企业对消费者）模式相对应，其营销和销售策略通常具有不同的特点，如决策过程更复杂、销售周期更长等。

B2C：企业对消费者（Business to Consumer），是指企业直接面向消费者销售产品或服务的商业模式，如常见的电商平台、零售商店等，在这种模式下，企业主要关注消费者的需求和购买行为，营销重点在于品牌建设、吸引消费者购买等方面，与 B2B 模式有明显区别。

KOL：关键意见领袖（Key Opinion Leader），是指在某个领域或行业中具有一定影响力和权威性的人物，他们的观点和建议往往能够影响他人的决策和行为，在营销领域，企业常与 KOL 合作，借助他们的影响力和粉丝资源来推广产品或服务，提高品牌知名度和产品销量。

EDM：电子邮件营销（Email Direct Marketing），是一种利用电子邮件与目标客户进行沟通和推广的营销方式，企业通过向潜在客户或现有客户发送电子邮件，传达产品信息、促销活动、品牌故事等内容，以达到吸引客户、促进销售、维护客户关系等目的，但需要注意遵守相关法律法规和邮件发送规范，避免被视为垃圾邮件。

SaaS：软件即服务（Software as a Service），是一种通过互联网提供软件服务的模式，用户无须在本地安装软件，只需通过浏览器访问在线平台即可使用软件功能，通常采用订阅制收费方式，这种模式降低了企业使用软件的成本和技术门槛，提高了软件的可访问性和更新便利性，常见的 SaaS 应用包括办公软件、客户关系管理系统、企业资源规划系统等。

PaaS：平台即服务（Platform as a Service），是一种云计算服务模式，为开发者提供了一个开发、运行和管理应用程序的平台，开发者可以在这个平台上快速部署和扩展应用，而无须关注底层基础设施的管理和维护，如 Google 的 App Engine、微软的 Azure 等都是 PaaS 平台，它简化了应用开发和部署的过程，提高了开发效率。

IaaS：基础设施即服务（Infrastructure as a Service），是云计算服务的最基础层次，提供了计算、存储、网络等基础硬件资源的租赁服务，用户可以根据自己的需求租用这些资源，自行搭建和管理应用系统，如亚马逊的 AWS EC2、阿里云的 ECS 等都是 IaaS 服务，它为企业提供了灵活的基础设施解决方案，降低了企业的 IT 硬件投资成本。

OEM：原始设备制造商（Original Equipment Manufacturer），是指一种代工生产模式，即品牌商负责产品的设计研发和市场销售，而生产制造环节则委托给其他制造商完成，这些制造商按照品牌商的要求生产产品，并贴上品牌商的商标，例如苹果公司的部分产品就是由富士康等 OEM 厂商生产制造的。

ODM：原始设计制造商（Original Design Manufacturer），与 OEM 不同，ODM 厂商不仅负责产品的生产制造，还参与产品的设计研发过程，根据客户的需求或市场趋势进行产品设计，然后生产制造并销售给客户，客户可以选择直接采用 ODM 厂商的设计方案并贴上自己的品牌进行销售，这种模式在电子、家电等行业较为常见。

UGC： 用户生成内容（User-Generated Content），是指由用户自主创作并在互联网上发布的内容，如用户在社交媒体上发布的文字、图片、视频，在论坛上发表的帖子，在电商平台上撰写的产品评价等，这些内容反映了用户的观点、经验和创意，在互联网营销中，UGC 可以作为企业了解用户需求和反馈的重要来源，也可以用于品牌推广和口碑营销。

AIGC： 人工智能生成内容（Artificial Intelligence-Generated Content），是指利用 AI 技术生成的内容，如通过 GPT 等模型生成的文本、DALL-E 等模型生成的图像，以及利用视频生成模型生成的视频等，AIGC 技术的发展为内容创作带来了新的方式和效率，在营销、媒体、娱乐等多个领域都有广泛的应用前景。

OA： 办公自动化（Office Automation），是指利用计算机技术、通信技术和自动化技术等手段，实现办公业务的自动化处理，如文档处理、电子邮件管理、日程安排、流程审批等功能，OA 系统可以提高办公效率、降低办公成本、规范办公流程，促进企业内部信息的流通和共享，常见的 OA 软件有钉钉、企业微信等。

API： 应用程序编程接口（Application Programming Interface），是一组定义了软件组件之间如何相互通信和交互的规则和协议，通过 API，不同的软件系统可以相互调用对方的功能和数据，实现系统之间的集成和扩展，例如企业可以利用社交媒体平台的 API 将自己的应用与社交媒体进行连接，实现用户数据的共享和社交功能的集成，在软件开发和互联网应用中广泛使用。

HTML： 超文本标记语言（Hypertext Markup Language），是一种用于创建网页的标准标记语言，它通过各种标签来描述网页的结构和内容，如标题、段落、图片、链接等，浏览器根据 HTML 代码来解析和显示网页内容，是网页开发的基础技术之一，与 CSS

（层叠样式表）和JavaScript等技术一起构成了现代网页设计的核心。

CSS：层叠样式表（Cascading Style Sheet），用于描述网页的样式和布局，如字体、颜色、大小、间距、背景等外观属性，通过与HTML结合，可以使网页的显示更加美观和专业，同时提高网页的可维护性和可扩展性，开发者可以通过CSS对网页进行整体的样式设计和局部的样式调整，实现多样化的页面效果。

JavaScript：一种高级编程语言，广泛应用于网页开发中，它可以为网页添加动态交互功能，如响应用户的操作（单击、输入等）、实现页面元素的动态更新、创建动画效果、与服务器进行数据交互等，与HTML和CSS协同工作，使网页更加生动和功能丰富，是现代网络应用开发不可或缺的一部分。

SDK：软件开发工具包（Software Development Kit），是一组开发工具的集合，通常由软件厂商提供，包含了开发特定软件或应用所需的各种工具、文档、示例代码等资源，开发者可以利用SDK快速开发应用程序，实现与特定平台或系统的集成，例如，移动应用开发通常需要使用相应的操作系统（如Android或iOS）的SDK，以便调用系统功能和开发符合平台规范的应用。

URL：统一资源定位符（Uniform Resource Locator），是互联网上用于标识和定位资源的地址，如网页、图片、文件等都有对应的URL，它由协议（如HTTP、HTTPS）、域名、路径和查询参数等部分组成，用户通过在浏览器中输入URL可以访问相应的资源，是互联网资源访问的重要基础。

HTTP：超文本传输协议（Hypertext Transfer Protocol），是用于在互联网上传输超文本的应用层协议，它定义了客户端和服务器之间的请求和响应格式，使得浏览器能够与Web服务器进行通信，获取网页内容和其他资源，例如，当用户在浏览器中访问一个网站时，浏览器会向服务器发送 HTTP 请求，服务器根据请求返回相应的 HTTP 响应，其中包含网页的 HTML 代码等内容。

HTTPS： 超文本传输安全协议（Hypertext Transfer Protocol Secure），是 HTTP 的安全版本，在 HTTP 的基础上增加了加密和身份验证机制，通过 SSL/TLS 加密协议对数据进行加密传输，确保数据在网络传输过程中的安全性和保密性，防止数据被窃取或篡改，广泛应用于需要保护用户隐私和数据安全的网站，如电子商务网站、银行网站等。

VPN： 虚拟专用网络（Virtual Private Network），是一种通过互联网在不同的网络或设备之间建立安全连接的技术，它通过在公共网络上建立专用网络，进行加密通信，使得用户可以在不安全的网络环境（如公共 Wi-Fi）中安全地访问内部网络资源或绕过地理限制访问特定的网站和服务，常用于企业远程办公、保护个人隐私和突破网络封锁等场景。

LAN： 局域网（Local Area Network），是指在某一区域内由多台计算机互联成的计算机组，一般在几千米的范围内，例如家庭、办公室或学校内的网络，它可以实现设备之间的文件共享、打印机共享、内部通信等功能，通常采用以太网技术或 Wi-Fi 技术进行连接，具有较高的传输速度和较低的延迟。

WAN： 广域网（Wide Area Network），是一种覆盖范围较大的计算机网络，通常跨越城市、国家甚至全球范围，用于连接不同地区的局域网或其他网络设备，实现远距离的数据传输。

参考文献 | References

[1] 秦朔，刘利平 . 出海 联想全球化 20 年实战方法论 . 北京：中信出版社，2024.

[2] 艾琳·梅耶著，郝继涛译 . 跨文化沟通力 . 北京：华夏出版社，2022.

[3] 郑祖波 . 启程 中国企业出海实战 . 上海：立信会计出版社，2024.

[4] 陈勇 . 超级转化率 如何让客户快速下单 . 北京：中信出版社，2019.

[5] 从龙峰 . 组织的逻辑 . 北京：机械工业出版社，2021.

[6] 林建民 . 香港睿迪科技有限公司 . 人工智能办公写作教材，2024.

[7] 荣振环 . 品牌建设 10 步通达 . 北京：电子工业出版社，2016.